发　迹

——21个全球顶级品牌成长历程揭秘

〔英〕戴维·莱斯特　编
高静美　郭劲光　译
章　蕾　审校

商务印书馆
创于1897 The Commercial Press
2011年·北京

Edited by David Lester

HOW THEY STARTED GLOBAL BRANDS

How 21 Good Ideas Became Great Global Businesses

Published by arrangement with Crimson Publishing.

图书在版编目(CIP)数据

发迹——21个全球顶级品牌成长历程揭秘/〔英〕莱斯特编;高静美,郭劲光译.—北京:商务印书馆,2011
ISBN 978-7-100-07654-8

Ⅰ.①发… Ⅱ.①莱… ②高… ③郭… Ⅲ.①企业管理—经验—世界 Ⅳ.①F279.1

中国版本图书馆CIP数据核字(2011)第018172号

发　迹

——21个全球顶级品牌成长历程揭秘

〔英〕戴维·莱斯特 编

高静美 郭劲光 译

章 蕾 审校

商务印书馆出版

(北京王府井大街36号 邮政编码 100710)

商务印书馆发行

北京瑞古冠中印刷厂印刷

ISBN 978-7-100-07654-8

2011年12月第1版　　开本700×1000 1/16

2011年12月北京第1次印刷　　印张14¼

定价:33.00元

目 录

CONTENTS

传　　媒

服务与零售

科　　技

网　　站

导 言

本书是我们第二部关于企业发迹史的书稿。第一部书稿的内容全部是关于新近创办的一些英国企业的发展历程的，该书颇为畅销，直接引发了读者们对其姊妹篇——一部关注于世界顶尖全球品牌的创业故事的著作——问世的广泛呼吁。

许多人都非常想了解那些通常已经被理所当然地视为我们生活中一部分的企业到底是如何起家的。因为第一本书而与我们建立联系的部分人本身就是事业处于不同阶段的企业家，但绝非所有人都是。还有一些人，他们对商业略知一二，但还未开始尝试创业。而另外许多人，由于那个颇受欢迎的电视节目《当学徒还是步人虎穴》（*The Apprentice or Dragon'Den*），而希望进一步了解究竟如何才能白手起家，创办一家企业。他们渴望知道他们是否本应该追求自己的梦想，他们是否天生就适合去做一位企业家，对于本书所激发的一些灵感他们感到无比兴奋。

实事求是地讲，阅读本书确实会激发一些灵感。能够了解被我们想当然的一些产品事实上究竟是如何横空出世的，的确很吸引人。仅仅了解这些产品在多大程度上是人们精心策划的结果，又在多大程度上纯粹是偶发事件的产物，就够引人入胜的了。想一想吧，如果没有那些命运的翻手云覆手雨，事情将会发生怎样的变化，这些无不妙趣横生。或者是否只要你稍动脑筋，一个崭新的全球品牌就触手可及？我本人就曾经成功地创办过一些企业，但在读毕这些商业奇才的创业故事时仍会觉得兴奋不已；我是否还可以再创立另外一个如此成功的伟大企业呢？

让人更觉得匪夷所思的是，某些企业的成长速度惊人。谷歌和 Bebo 就是本书中最为明显的两个案例。十年前，二者都没有任何客户，然而今天它们已经有了上千万或者上亿的固定客户群。我确信，十年后，将会有更多今天尚未诞生的企业与谷歌一样闻名于世。这就是我们所居住的这个世界所具有的特质：技术的迅猛发展会催生企业以更快的步伐成长。在那些新创的企业当中，会有你的一席之地吗？

无论你阅读本书的原因何在，我都希望能如你所愿。如果它能促使你继续发展或新创自己的企业，那最好不过了——你已经选择了一个充满挑战但也收益颇丰的道路。但如果本书使你放弃了创业的梦想，因为它让你意识到自己并不适合做个企业家，也不错。当然并不是每个人都适合成为企业家。我最近读过的一份资料显示：每 20 个人中大约只有一个人具备成为企业家的素质，这个比率只多不少。

如此说来，从本书所提到的创业故事中的人物来看，到底具备怎样的素质才能成为一个企业家呢？两个最为显著的特质可能会凸显出来：其一是创业的激情；其二是无论遇到怎样的难题都要有战胜困难、渡过难关的决心和意志力。年龄、经验、家庭背景和初始资本都不是必不可少的条件——无论你目前的经济状况如何，年龄多大，学历高低，都完全有可能创建起一个伟大的企业。情形本该如此。

我们是如何为本书选择企业案例的？

我们查询了诸多类型的企业，主要集中于那些绝大多数人认为可以进行创业的类型，换句话说，我们尽量避免那些不切实际的想法，诸如采矿业或者金融机构。基于此，我们严格遵循了三条标准：

- 最重要的一条标准是，我们所涉及的每一家企业都是由那些有好点子的个人或小团队所创办。
- 我们在此所谈及的每一个企业都是成功的。

• 这些企业在世界各地也都家喻户晓。

总而言之，我们想要表明的是，好的点子如何由个人或一个小团队转变为成功的企业，又在过去一百年间发展成为全球闻名的大公司，并且势头不减、一如既往。

只要有可能，我们都尽量与这些创业者直接进行交谈；然而不可避免的是，由于我们涉及的一些企业发展历史较长，有些创业者已然辞世，因而我们也依据企业档案和另外一些了解该企业的人来获得信息。

这些企业的创建者中极少有女性，这一点是事实，也令人颇感遗憾。最为接近这一点的是 Bebo，由西奥琪・伯奇(Xochi Birch)与他人联合创建；格林一布莱克公司(Green&Black's)，由约瑟芬・费尔利(Josephine Fairley)与他人联合创建；孤独星球(Lonely Planet)，由莫琳・惠勒(Maureen Wheeler)创建；eBay，其 CEO 是一位女性——梅格・惠特曼(Meg Whitman)，她带领 eBay 实现了大幅度增长。同样令人遗憾的是创业者在种族上的分布——绝大多数都是白人。出现以上两种情况的原因都与这些企业所创办的时代有关，因为我们试图涵盖一些主要的品牌，而这些主要的品牌就创立于那样一个时代，所以性别和种族问题不可避免。我们所谈及的企业中大约有一半都创立于"二战"之前，绝大部分企业在"二战"结束后的二十年间创立，但直到 20 世纪 70 年代之后，女性和非白种人团体才开始雄心勃勃创立企业，这个趋势对于许多人来说都可谓姗姗来迟、进展缓慢。我渴望在十年后能再编排一部新版的关于企业发迹史的书，并期望那时能够看到不同类型的创业者被收录其中。

尽管这些创业者中的绝大多数年龄在 25—40 岁之间，但也有些例外，这一点也证明了年龄对于创业者来说并不是一个障碍。必胜客就是由大学生创立的，相反它的快餐同胞肯德基却是由哈兰・桑德斯(Harlan Sanders)在 56 岁才创办起来的。

我们开始着手去寻找一些在世界各地建立的公司。当然，我们不可避免地会更倾向于一些较为发达的西方国家，因为这些国家中的企业比亚洲甚至东欧的企业起步更早。而现实世界中最大的全球性公司的分布情况与本书中所收录的企业的分布状况非常相似。同样，十年后的新版《发迹》中，鉴于全球经济的本质及其发展速度之快，将会以更多的亚洲公司为主，其中一两个来自于俄罗斯或中欧，也可能有一两个来自于巴西。

总体来说我们可以从这些企业中学到什么？

他们为什么创业？

创业者的动机和目标常常对企业后续的成功（或失败）发挥着极其重要的作用。尤其是，如果一个创业者仅仅出于想要成为富翁的激情而去创立一个企业，那么这个企业是很难成功的。我们在此所推介的企业也可以证明这一点——本书中没有一个企业是由那些只热衷于赚大钱的人创立的。大部分企业都是由那些十分热衷于其产品的人创立的——不管他们是想对产品作出根本性改良，如谷歌或戴森；抑或仅仅是由于创业者对其所从事的领域无比热衷，他们乐于在该领域有所建树，如索尼或云雾之湾。有趣的是，在所有这些情形之下，对产品或服务的热情都与一种清晰的信念结合在一起，即坚信新企业一定会赚足够的钱让自己存活下来，这绝不是那种毫不考虑商业现实的疯狂的科学家的热情。

除此之外，有些企业的创建仅仅是由于创业者要维持生计。我尤为喜欢必胜客的起家，其创业者仅仅是想要为其大学生涯埋单。同位于斯堪的纳维亚半岛的企业沃尔沃和诺基亚，其创建是为了给创建者的母国生产某种产品或是引进一种流程。任天堂的创业者与所有这些人都有所不同：山内溥（Hiroshi Yamauchi）在战后的日本继承了一个很小的家族企业，即便是在他同意接管领导者的角色之前，他就已经下定决心要按照自己的想法来经营公司。当时他并不知道电脑游戏将成为公司未来的主业，他似乎仅仅是由一种根深蒂固的雄心抱负驱动着，他要关照这个托付于己的家族企业并使其更加繁荣昌盛。我猜想，他的家族对于这位继承者所取得的成就会无比欣慰。

他们如何为企业成长融资？

所有这些企业的初始资本都来源于创业者本人，除了两个例外（沃尔沃和任天堂）。尽管如此，他们中的很多都非常快速地找到了赞助人或者融到了风险投资，超过一半的企业通过股票交易为企业的可持续成长筹集了更多的资金。金融市场为这些企业提供了很多便利和好处。

可口可乐公司发明了一种新的融资方法，为其早期的快速发展提供了资金——将公司的产品通过特许加盟的方式提供给各地的瓶装饮料生产商。之后，必胜客和肯德基也都利用了类似的方法，开创了特许经营系统的先河——这种方式使得成千上万的企业通过运用其他人的钱、努力和激情来实现自己的发展。

在我们所提及的所有企业当中，戴森是最为奋力拼搏去融资的一个企业。然而，你也可以理解那些曾拒绝借钱给它的人——谁愿意去资助一个初出茅庐，却想对抗那些立足已久的全球巨头的疯狂发明家呢？风险资本家们自然喜欢支持那些成长型行业，而在戴森之前，真空吸尘器市场被认为已经几近成熟了。

宜家，由于其始终坚定不移地保持私人所有的决心而与众不同，并且该公司认为这样对它的发展和成功有着至关重要的作用。有趣的是，这一点与本书所提及的其他企业案例截然不同，形成了鲜明的对比。

在国际舞台上制胜的法宝是什么？

在任何一个国家缔造一个成功的企业都是一项巨大的成就。有数不胜数的商业传奇，它们在其本土发展得相当成功，但扩张到海外市场时却遇到灾难性的后果。就在本书成稿的过程中，各大商业媒体对于英国超市乐购(Tesco)拓展美国市场能否取得成功仍抱有较强的怀疑态度。成功的企业进军海外并不顺利，也是常有的事。那么，本书所介绍的这些企业究竟做了哪些正确的抉择而使得自己区别于芸芸众生呢？

所有这些企业都集中关注自己的国际市场。对于那些在小的经济体（包括索尼和任天堂创建之时的日本）创建起来的企业来说，出口在企业成长的初期就被视为企业中长期生存发展的重要方式。成功企业的缔造者们会竭尽所能来维持自己公司的生存发展。对许多企业来说,这就意味着必须赢得跨国经营的成功。

在每个案例中,产品要么在最初就是根据特定出口市场所设计的,要么就是根据对当地人的了解而加以调整以适应每个国家的具体情况。成功的方法似乎很简单,但是在大多数案例中实施这些方法却绝非易事:需要对本土需求加以调研,然后推出一款适合当地市场需求的新产品,并为新产品的投放调拨合适的资源。

先发优势

人们通常认为,市场的领先进入者具有巨大的优势,能够在没有激烈市场竞争的情况下获得市场份额并构建品牌忠诚度。有意思的是,我们所收录的企业中大概有 1/3 是市场的领先进入者,如可口可乐,必胜客和 Billabong。但是另外 2/3 的企业并不属于领先进入者。尽管面对大量的竞争对手,Bebo 和谷歌却发展得极为迅速,两者都凭借着更为优质的产品快速地战胜了对手。戴森也许是领先进入者中最好的一个例子了,这家企业凭借着一种清晰的产品优势而怡然自得,让那些年轻的新兴企业无从入手,从而在多个国家占据着市场的领先地位。

由此,我们能学到什么东西呢?市场上的先行者可能拥有巨大的优势,但是能够做得更好比抢先一步更加重要。在全世界获得商业的成功事实上似乎都可以归结为一点,就是为顾客提供他们想要的东西,不仅仅在最初创业的时候要做到这一点,在其后的日子里都必须始终如此。

戴维·莱斯特

2008 年 9 月

阿迪达斯

——运动装领域的佼佼者

创 始 人：阿道夫(阿迪)·达斯勒(Adolf Dassler)

创始人开始创业的年龄：20 岁

背　　景：训练有素的面包师

创立年份：1949 年

公司类型：运动品公司

目前涉足经营的国家：超过 170 个国家

销售额和净利润：103 亿欧元和 5.51 亿欧元(阿迪达斯集团，2007 年)

任何一个赛跑者都会对你说，合适的鞋对于胜利来说是至关重要的，这一点也一直以来都是运动商品制造商阿迪达斯(adidas)不断前进的动力。这家公司的历史可以追溯到一个世纪以前——一位年轻人阿迪·达斯勒，下定决心要为每位运动员提供最好的运动装备。今天，阿迪达斯集团是世界第二大运动装备制造商，其产品涉及从运动鞋、运动装到运动附属品等诸多品种，主要集中于赛跑、足球、篮球以及训练等多个方面。它也拥有着世界上最具象征意义的品牌图案，一个与众不同的标识——三条斜纹。

灵感触发新鞋的诞生

出生在德国的阿道夫·达斯勒，昵称阿迪，是一个热衷于运动的人。他狂热地追求极限运动，甚至制作了自己的跳台滑雪板。他也热衷于赛跑。同许多其他创业者一样，他洞悉到了市场上的一个商机，即对那种可以提高竞赛成绩、性能卓越的运动鞋的需求。阿迪最初曾接受过面包师方面的培训，但是他有精通制鞋的遗传因子，因为他父亲就是一个修鞋匠。带着一种一定要制作出理想的运动鞋的远大抱负，紧步其父的后尘似乎就是他命中注定的事。1920 年，他开始在自己的家乡黑措根奥拉赫(Herzogenaurach)制作运动鞋，那是一个很小的德国乡村，位于纽伦堡以西 12 英里处，阿迪母亲的厨房也兼而成为了他的工作间。

然而，“一战”后的德国是一个充满荆棘的地方，想在那里创业绝非易事。但是阿迪下定决心绝不让自己因此而受阻。他利用自己所能收集到的一切材料，甚至降落伞的布料和军用头盔来制作他的鞋，而他的姐妹们则帮他用帆布裁剪鞋样。正是这样的创造力和不懈的努力，不仅使得企业得以维持下去，也使阿迪萌生了要研发完美的运动跑鞋的愿望。阿迪的未来愿景主要包括三个指导性原则：出于工作的需要生产最好的运动鞋，保护运动员免受伤害，并且确保产品的耐用性。

1924 年，他具有一定销售背景的哥哥鲁道夫加入了阿迪达斯集团，使他的制鞋生意变成了一个正式的企业。鲁道夫主要负责企业的市场营销方面，而阿迪则继续坚持不懈地设计鞋。公司的名称，达斯勒兄弟鞋厂，也于同年正式注册。当时，阿迪的制鞋车间不断扩大，也雇用了许多人，大约每天生产 50 双鞋。

阿迪·达斯勒在一家早期的制鞋厂

> 阿迪的未来愿景主要包括三个指导性原则：出于工作的需要生产最好的运动鞋，保护运动员免受伤害，并且确保产品的耐用性。

早期成长

然而，阿迪并不满足于现状，他早已经将眼界定位于更大的事业，要对鞋进行进一步的技术创新。一年之后，他获得了自己的首批专利权：其一是运动鞋专利，另一个是足球靴专利。阿迪的鞋专为足球和田径类运动设计，他的鞋也比市场上其他同类产品更轻便、结实。阿迪始终是一个完美主义者，他甚至保证可以根据不同的跑步距离来设计不同的运动鞋，并亲自进行试验。

由于阿迪总是会腾出时间去参加在德国举行的重要体育赛事，因此通过口碑营销这种方式，其利润不断上升。他最初将鞋卖给体育俱乐部和运动员，此后，他就将业务扩展到为那些1928年阿姆斯特丹奥林匹克运动会的参赛者提供运动鞋，并且在四年后的洛杉矶奥运会中也采取了同样的策略。1931 年，公司的网球鞋系列问世。截至 20 世纪 30 年代，阿迪已经能够为 11 种不同的体育竞技项目设计 30 双不同的鞋，公司的员工数量也增至 100 人。

然而，对阿迪达斯集团的发展起着至关重要作用的一次体育盛事却是 1936 年在柏林——阿迪的家乡举行的奥林匹克运动会。当时，德国的大多数运动员都穿着达斯勒的运动鞋，同时兄弟俩也意识到运动员本身就是对其产品最好的广告推销。因此，获得世界最顶级的运动名人的支持和认可至关重要，会引起对该品牌的强烈追捧效应。事实上，阿迪也是第一个利用运动促销去提高产品知名度的企业家。

用达斯勒的运动鞋来装备国家运动队仅仅是个开始。真正体现其企业家才能的是，阿迪居然带着满满一箱子运动产品，又一次铤而走险，驱车直奔奥林匹克村，试图劝说美国短跑选手杰西·欧文斯(Jesse Owens)来试穿他的鞋。结果他赌赢了，当欧文斯赢得了四项奥林匹克金牌时，阿迪达斯集团在世界精英运动员中名声大噪。订单从其他运动队蜂拥而至，其后三年大约每年都有 20 万双运动鞋被售出。为了应付如此之大的需求，阿迪购买了他的第二家设备生产厂。

阿迪是第一个利用运动营销去提高产品知名度的企业家。

家庭分裂

第二次世界大战的爆发几乎使得这家企业关门倒闭，因为工厂被军队占领，而且鲁道夫和大多数员工也都应征入伍了。阿迪仍然留在企业中，为德国军队生产产品。战后，全德国大多数地区都在进行重建或重新整合，他继续制造运动鞋。但是这一次，尽管当地居民都尽可能想帮助这家公司渡过难关，公司却仅有不到 50 个人的劳动力。阿迪的创造性天赋在这时又一次显露出来，他利用各种战争遗留品来制作鞋，例如那些被遗弃的军用帐篷、皮质的棒球手套、帆布和美国燃料坦克中的橡胶等。

不过，当公司逐步走向正轨后，兄弟间的矛盾分歧也越来越多。大概在1948年左右，在又一次争执过后，他们决定分道扬镳。这次分裂标志着制鞋业的竞争态势已经开始不断加强、日益激烈，因为鲁道夫拿走了半数的公司制鞋机器并且在河对岸开创了另一家企业。该公司最后演变成为彪马(Puma)公司，是阿迪达斯最为强大的竞争对手之一。

当阿迪独自掌控公司以后，就有必要给公司重新起个名字。“阿迪达斯”这个名字是杜撰的——它将阿迪的昵称和姓氏的头几个字母结合在了一起，该公司于1949年正式注册了新名字。与新名字的改变相配合，也重新设计了一个新的标识。这一次，阿迪设计了今天为大家都熟知的三条斜纹图案(早在八年前阿迪就已经想到这个设计了)，它提供了一种引人注目的视觉效果，凸显了他要制造与众不同的运动鞋的设计目标。那三条斜纹也有一些实际的意义，那就是它象征着能帮助运动员支撑足弓部位。同年，阿迪决定专注于足球鞋的生产，并生产出第一双带模子橡胶防滑钉的球鞋。

体育促销

以往的经验已经告诉兄弟俩，让运动员们身着他们的产品对于销售有着何等重要的意义。在很多方面，阿迪达斯和彪马两个品牌的竞争都标志着体育促销这个概念的兴起。兄弟俩都不遗余力地想要确保得到那些最杰出运动员的支持，尤其是在奥林匹克运动会上，他们甚至通过给选手们分发一些装着钱的信封这种方式来推销自己的产品。在1952年赫尔辛基的赛场上，阿迪达斯是最广为穿着的德国运动鞋品牌，在这次比赛中，选手们也第一次尝试了穿有可拆卸鞋钉的田径运动鞋。这家企业也因首次推出了运动休闲包而扩展了它的产品范围。

1954年，当德国国家足球队全部体育装备品都由阿迪达斯体育品牌承担时，在阿迪达斯和彪马的商业战争中，显然是阿迪取得了至关重要的优势地位。与那些带有标准模子样式的传统运动鞋相比，新式运动鞋拥有拧进式防滑钉作为新的特色。这次创新使得该企业成为街头巷尾热议的主题，因为决赛当天是个潮湿阴雨的坏天气，当西德队大胜匈牙利队这个劲敌时，很显然，阿迪的拧进式防滑钉足球鞋为西德队的胜利立下了汗马功劳。许多报纸都刊载了阿迪和德国运动员一起合影的特写照片，该公司的鞋引起了世界的瞩目。在那一年，该公司总共生产了45万双鞋。

在接下来的几年中，这种积极推广策略就成了该公司的主要特色之一。对于每一项重大体育赛事，阿迪达斯都会提出具体的产品创新，它也因此主导了世界运动鞋市场，并代替Keds帆布鞋成为受训运动员的新宠。阿迪达斯快速成长的关键因素在于这样一个事实：在诸多种类不同的训练中，始终都跟世界顶级运动员保持着密切的联系，这就使得它能够针对不同运动项目的鞋不断进行完善。

拿着经改进的拧进式防滑钉足球鞋的阿迪

> 对于每一项重大体育赛事，阿迪达斯都会提出具体的产品创新，它也因此主导了世界运动鞋市场。

全球扩张

这种专门进行设计的例子之一就是1956年在墨尔本举行的奥林匹克运动会。一直在家里主持家务的凯瑟·达斯勒(Käthe Dassler)是阿迪的妻子，也是他商业上的伙伴。她将他们的儿子霍斯特送往澳大利亚，在那里，霍斯特的任务就是将阿迪达斯品牌的鞋分发给参加比赛的运动员们。在

《奥林匹克大逆转》(*Olympic Turnaround*)这本书中，谈到了霍斯特当时回忆起当他这个初出茅庐的小伙子出现在那里要把鞋子分发给那些运动员时，他们惊讶不已的情景。他轻松地完成了这项工作。

大概同一时间，阿迪和挪威的一个制鞋厂签署了第一个许可合同，这就确保了阿迪达斯在迈向全球扩张的道路上不断前进。霍斯特对公司业务的参与不断增多，并在三年后的1959年，在法国开发建设了一个新的生产基地(同年，他还在德国另建了一个工厂)。回首过去，将产品带到墨尔本的赛场上供运动员们使用确实是非常精明的举措——1960年在罗马举行的比赛中，有高达75%的田径运动员都穿着阿迪达斯的运动鞋。

由于阿迪达斯始终不移地推广创新领域，因此其全球扩张的过程也伴随着新的生产线的产生。20世纪60年代中期，阿迪和凯瑟决定挺进休闲运动和制衣两个部门，为比赛和训练生产服装。印有三条斜纹标志的田径运动服也首次于1962年问世，球类产品的生产也于1963年正式启动。名人的推广也始终是公司的优势之一。在1971年的一场被称为“世纪之战”的拳击比赛中，穆罕默德·阿里和乔·弗雷泽两位拳击选手就都穿着阿迪专门设计的拳击运动鞋。一年之后，三条斜纹标志被修改成一个三叶草的形状。

困境中的企业

20世纪60年代到70年代早期，创新是时代的主题。然而，1978年阿迪的辞世却使70年代的后几年笼罩着一层阴影。鲁道夫也早在四年前去世了，两人之间的分歧也因而没有得到调和。截至阿迪去世，该企业已经拥有了700个专利权和其他的工业知识产权，这也证明了阿迪对于制造完美运动鞋的永恒追求。凯瑟继续经营着这家公司，并且保持着每年生产大概4 500万双鞋的纪录。

六年后凯瑟也去世了，她的儿子霍斯特在1985年接管了公司的控制权。但不久后，他就犯了一个致命的错误：1984年，公司谢绝了一位年轻的运动员迈克尔·乔丹对商品的推广计划。霍斯特虽然心怀非常宏伟的重组公司全球结构的计划，但不幸的是，三年后，还未将其设想付诸行动，年仅51

岁的他就因癌症离世。由于没有领导者，阿迪达斯公司前途未卜。由于阿迪的四个女儿对于公司未来各执己见，早期影响企业发展的家庭纷争又一次上演了，阿迪达斯迷失了方向，市场份额也大幅度缩水。

竞争不断加剧，广告大战中表现不力，也导致了阿迪达斯的衰落。耐克和其他同类品牌争相涌入运动鞋市场，一次又一次地重创了阿迪达斯，也越来越多地占据了北美的市场份额。1989 年，阿迪的四个女儿以 3.2 亿英镑(5.12 亿美元)将公司卖给法国商人伯纳德·塔皮(Bernard Tapie，一位专门整治困境中的企业的商人)后，作为家族企业的阿迪达斯突然走到了尽头。这个价格在当时是一个便宜的价格，大致相当于今天的 5.73 亿英镑(10 亿美元)。后来成为法国城市事务部长的塔皮，为公司引入了一些变化，诸如设备的购置以及一系列以成绩为导向和功能性的足球鞋和服装的生产。生产也向亚洲转移，旨在削减成本。但是由于财务上的困境，塔皮也无法扭转阿迪达斯的命运。几年后，他因政治和金融丑闻而卸职。

1992 年，法国里昂信贷银行为阿迪达斯选定了另外一个买家。当时，该公司每年亏损超过 5 600 万英镑(1 亿美元)，面临着破产的境地，其市场份额勉强维持在 3%左右。这个新买家罗伯特·路易斯·德莱弗斯(Robert Louis Dreyfus)是哈佛大学 MBA 毕业，对于扭转企业命运有着骄人的业绩记录。他于 1993 年接管了该公司，并且与另外一个商业伙伴联合购买了阿迪达斯 15%的股份——据说两个投资者每人支付了 6 000 英镑(1 万美元)，其余资本则由银行和其他投资者注入。

不过，达斯勒家族与制鞋之间的关系并没有走到尽头，阿迪·达斯勒的孙子(跟阿迪同名)于 1992 年建立了制鞋公司 AD One——这是一家专门针对户外冒险活动和郊游的制鞋公司，这一点也证明了制鞋是这个家族中血脉相传的东西。

收购和上市

德莱弗斯立即着手治理公司。在阿迪达斯，他清楚地认识到，这家公司完全有能力生产出超棒的鞋子，但是缺乏销售的技巧。他再次强调，公司的根基就是一家运动类产品制造商，并开始将市场定位于年轻人。同时，他也解雇了大量上了年纪的管理者。为了进一步削减成本，他又将生产部门外包出去，而在市场营销方面却始终加大投资力度。

收购也是阿迪达斯复兴计划的一个重要组成部分。在德莱弗斯接手公司的同年，该公司购买了一家美国体育营销公司——运动有限公司（Sports Inc.），并将其重新命名为阿迪达斯（美国），并聘请了两位耐克的前高管来负责管理。这暗示着阿迪达斯已经做好准备，要从内部开始好好跟耐克一决高低了。同时，公司也利用反潮流模式，重新启用了一些颇有名望的老运动员，结果立即获得了成功，对于当时致力于高科技创新的耐克发起了攻势和挑战。

> 公司也利用反潮流模式，重新启用了一些颇有名望的老运动员，结果立即获得了成功。

1995 年，由德莱弗斯策划的上市融资活动在德国和法国证券交易所引起了广泛关注，进一步的收购方案也紧随其后。阿迪达斯甚至被搬上了音乐舞台：当时的摇滚乐队 Run DMC 于 1996 年写了一首歌叫《我的阿迪达斯》（*My adidas*），这首歌后来变成了公司的宣传歌曲之一。1997 年，阿迪达斯收购了法国的专业滑雪装饰公司——所罗门集团及其子公司 TalorMade 高尔夫公司，这两起收购使得公司业务拓展到了运动装备领域。公司也将名称更改为阿迪达斯—所罗门，并在俄勒冈州的波特兰设立了第一家零售专卖店。

复兴之路

截至 1999 年 50 周年庆典的时候，阿迪达斯值得庆祝的事情的确有很多，不仅仅是它的销售额首次增长到 30 亿英镑（50 亿美元），其全球的员工数量也多达 1.3 万人。一年之后，阿迪达斯成为 2000 年欧洲足球锦标赛的官方供应商和特许经营者。接下来的一年，公司前任副主席和 COO 赫伯特·海纳(Herbert Hainer)接替了德莱弗斯 CEO 的位子。当时,阿迪达斯的身份是一家除了运动用品专长之外还拥有一个宝贵的历史传承过程的公司。更多的店铺在东京、柏林、阿姆斯特丹以及巴黎开设,2002 年在纽约、2003 年在韩国也都有店面开设。其每股收益增幅达 15%,这家企业实现其最初的业绩似乎大有希望。

同年,阿迪达斯对其业务部门做了一些重大的变更,目标是拓展它的顾客群和提高增长幅度。它增设了三个新的部门,这三个部门融合了复古潮流和时尚前沿的双重特征,分别被称为:体育绩效事业部、体育遗产事业部和体育风格事业部。两年后,阿迪达斯继续在体育赞助商的世界中彰显其名、大显身手,大卫·贝克汉姆和蒂姆·亨曼(Tim Henman)等大牌体育明星都代言推广过阿迪达斯品牌。2005 年是忙碌的一年:为拓展女性体育用品而与宣布时尚设计师斯特拉·麦卡特尼(Stella McCartney)合作;宣布以 19 亿英镑(38 亿美元)的价格收购美国运动鞋竞争对手锐步(对锐步的收购在 2006 年完成)。2005 年 5 月,公司宣布将其所罗门部门出售给体育设备成品商阿梅尔体育(Amer Sport)公司,公司名字也恢复为阿迪达斯。

阿迪达斯一度享有技术创新的盛誉,未来也丝毫不会有所改变。同年,该公司推出了阿迪达斯 1 号运动鞋,并将其命名为"世界上首双智能鞋",这款鞋拥有鞋底内电脑程序,能够根据路面变化对足部震动进行实时性调节。该鞋的零售价格为 125 英镑(250 美元),这个价格当然并不便宜,它比市场中最昂贵的跑鞋价格还要高出 50%。

带着公司条纹标识的
阿迪达斯 ANTELOPE
版运动鞋

阿迪达斯目前境况如何？

最近，阿迪达斯已经扩展到像纽约和伦敦这样的大都市，并且在新兴市场(如中国或俄罗斯)也利用当地的机会投资生产。阿迪达斯是2008年北京奥林匹克运动会体育服饰的官方合作伙伴之一。为了迎接这次盛会，该企业在北京建立了世界上最大的零售店。这家店铺共有四层楼，被誉为“品牌中心”，以销售体育绩效事业部和体育风格事业部的产品为特色。然而收购锐步似乎还没有达到预期的效果。从其2008年8月公布的财务数据来看，阿迪达斯也不得不承认“还有很长一段路要走”。锐步的增长在北美、英国和日本因销售缓慢而停滞不前，但未来的计划增加了对女性健身市场的目标定位，一款专门为女性设计的产品也将于下一年开始投入生产。阿迪达斯集团现在是仅次于耐克的世界第二大运动品生产公司，在欧洲仍占据着第一品牌的领先地位，在体育运动装方面也是世界第一。阿迪达斯品牌的口号“没什么不可能”，似乎再恰当不过了。

Billabong

——掀起下一拨时尚巨浪

创 始 人：戈登·麦钱特(Gordon Merchant)

创始人开始创业的年龄：28 岁

背　　景：冲浪运动迷、冲浪滑板制造师

创立年份：1973 年

公司类型：冲浪服及附属物

目前涉足经营的国家：100 个国家

营业额：6.09 亿英镑(10 亿美元)

喜欢冲浪运动的人很多，但水平不一，获得成功的程度也不同。冲浪很酷。但是要表现得很酷，就应该拥有与之相配的运动装备。冲浪服装是冲浪魅力的重要组成部分之一，最近正演变为其主流趋势。一些远非专业冲浪选手的人也喜欢穿着冲浪服装，而且这种冲浪服随处可见——从海岸边的小店或冲浪租借中心到内陆地区一些大城市的零售中心。Billabong 是澳大利亚的一家公司，不同于其他商家，它主要设计满足高端需求的冲浪服饰。Billabong 是世界上最受欢迎的品牌之一，并且历经 35 年的经营岁月，仍然是这个行业中最大的品牌之一，仅次于在澳大利亚建立但被美国人所有的极速骑板（Quiksilver）公司。这就是为什么我们在许多大都市能够找到像冲浪短裤这样的商品的原因之一。然而这家公司在最初创业阶段却举步维艰，在其后的数年内，也并不被一些银行和财务机构所看好。它的创立者戈登·麦钱特在追求成功方面表现出了极大的决心和意志力。他在遭到拒绝时所表现出来的不放弃的精神在今天也得到了丰厚的回报。戈登比百万富翁更富有千万倍，是澳大利亚最成功的创业者之一。在澳大利亚股票交易所上市的该公司，其市值大约为 27 亿澳元（12 亿英镑或 22 亿美元）。

浪潮初至

戈登喜欢冲浪。即便是今天，作为一位六十几岁的老人，他仍然尽可能多地抽出时间在澳大利亚寻找海浪最好的地方冲浪。在 20 世纪 70 年代早期，他的全部的业余时间都用于冲浪运动。他非常喜欢大海，所以这位出生在马鲁布拉（Maroubra）的男人永远搬到了澳大利亚黄金海滩的伯利角（Burleigh Heads）。在那里，他每年可以有九个月的时间进行冲浪运动。

作为一个滑板制造师，戈登始终试图寻求新的方法来完善滑板以达到更好的冲浪效果。他也进行了数次创新，从而大大改善了这个行业的现状。他的第一个创新是关于绑腿绳的，正如任何一位脚踏冲浪板、紧随巨浪不断翻起的滑板选手都知道的那样，这个附加在冲浪板上的绑腿绳是最为简单却也最为有用的东西。戈登还为冲浪板增加了一个向下折的边，这个边已经帮助澳大利亚最优秀的滑板选手登上了成功的巅峰。然而，在冲浪板制作过程中所使用的化学物质对戈登的健康是极为有害的，他也因此想要转而从事其他的行业。正如许多伟大的创业者一样，戈登也在他居住的家乡找到了创业的灵感。当然，这就意味着他想要创造一个与他的挚爱——冲浪运动相结合的事业。

戈登·麦钱特在做自己最喜欢的事

作为一个滑板制造师，……他也进行了数次创新，从而大大改善了这个行业的现状。

浪之巅

戈登意识到在冲浪服饰市场上，缺乏高品质、制作精良的商品。今天在世界各地的海滩上，你随处可见的一些冲浪品商店在当时并不存在。冲浪者的服装主要是由一些男装店来生产，但是它们并不知道作为一位冲浪选手真正需要什么样的装备，它们所出售的短裤在实际冲浪中毫无用武之地。"那些短裤都是用棉线制作的，在盐水中非常容易腐烂，而且一点也不合身。"戈登在《唯有冲浪运动员才知道的感觉：Billabong 冲浪服饰的革命》(*Only a Surfer Knows the Feeling*: *The Story of Billabong's Surfwear Revolution*)一书中如是回忆。"穿着那些超过肚脐的短裤冲浪，你会觉得自己是个十足的傻瓜，而且这样的短裤总是会不断往上蹿，让你感觉很不舒服。"戈登仍然记得他在斯都比斯(Stubbies)时，看到马克·理查德故意将他的短裤往上拽，以便保证他的腿能自由运动。"马克·理查德将他的冲浪短裤往上使劲拽——这样做是使得穿在短裤里的腿能够方便地做动作的唯一方式。我永远都无法忘记他站在领奖台上的样子，他双手举着奖杯，短裤的一侧却被撕开了线。"

他知道应该做些什么了，冲浪运动员们急需一种能够经得起风吹浪打、坚固耐磨的短裤。当时已经有一些冲浪服制造商了，但戈登丝毫没把它们放在眼里，因为他认为它们并不真正了解冲浪的人到底需要什么。"一些主流的男装品牌知道如何去制作衣服，但是对于功能性冲浪服在时尚方面的要求及营销策略，它们一无所知。"

戈登也正想走出滑板制造领域，所以也就有了制作冲浪短裤的好想法。他的朋友和伙伴托米·摩西(Tommy Moses)作为裁剪师傅，两个人于是开始一起工作，以制作短裤为乐。"我劝说他创立自己的商标品牌——Creme Clothing，那并不是专门的冲浪服装，我们当时仅仅是在一起做我们喜欢的衣服，并觉得这样做其乐无穷。当时还没有其他的人这样做，而且我看得出来他已经开始取得成功。这一点也是促使我自己产生灵感从而坚持下去的一个重要原因。"

跟他的朋友托米不同，戈登并没有接受过裁剪方面的专门训练。然而，创业者们总是会想方设法去摆脱诸如此类的阻碍因素，然后继续向成功迈进。戈登用最简单直接的方法——参加一个服装设计的速成学习班——来学习他创业所需的基本技能，从而弥补了自己的缺憾和不足。很快，他和他的妻子雷娜(Rena)就开始设计并且在厨房桌子上剪裁短裤。"经过反复多次的实验，我们最终设计出了一种耐用又具功能性的冲浪短裤。我只不过将其构思出来，具体制作时再通过参加款式设计的速成学习班来解决问题。"

在戈登和雷娜寻找合适的材料来制作短裤的早期阶段，他们进行了很多实验。但是与其他男装店相比，戈登有自己的优势：他自己就是一个不折不扣的冲浪爱好者，而且他了解什么样的短裤更适合他们。此外，在创业的初期，戈登也并不想要缔造一个全球性的企业，他只不过想要尝试为自己及同伴们制作更好的冲浪短裤。

戈登开始在自己的客货两用车后面出售短裤，并供货给一些小商店。当销售量日益增多、业务日渐起色以后，戈登和雷娜意识到他们应该开办一家公司了。“当我们凝视着对方时，我们达成了这样一个共识，我们忽然意识到通过开办公司，我们可能真的会过上相当优越的生活。我们忘记了早就想买的大房子，因为我们赚的每一分钱都需要重新投入到公司中以支持事业的发展。我们的企业比其他任何事情都更需要资金的投入。”

> 与其他男装店相比，戈登有自己的优势：他自己就是一个不折不扣的冲浪爱好者，而且他了解什么样的短裤更适合他们。

问题的关键是，跟制作冲浪板一样，戈登能够在设计冲浪短裤的过程中不断进行技术创新。冲浪选手们所需要的短裤应当能够抵抗住海浪的不断摩擦和压力，因而他就发明了一种新的缝制方法，从而提高了短裤的耐磨程度。他们意识到自己已经拥有了产品，并且这种产品也有一个明确的市场需求，现在他们需要的就是一个品牌名称。一个朋友提议叫做 Billabong，戈登非常喜欢这个既醒目又很有澳洲特色的名字。但是戈登和雷娜夫妻俩都没预见到这个名字会发展成今天这样一个全球品牌。他们的野心相当有限：他们仅仅希望有能力购买一套房子。然而事情正如后来所发展的那样，这个愿望却不得不被搁置了，因为他们的收益基本上都被重新投入到企业当中去了。

波涛汹涌

从 1973 年至 1975 年，戈登花费了大量时间来制造短裤，往往拼命工作到深夜。为了能够真正扩大销售，戈登需要更多的资金以保持公司的增长。然而，起初银行根本不接受他们的公司并拒绝认真对待 Billabong。跟冲浪者一样，制衣商在当时是被人看不起的。戈登更换了不下四家银行，才找到了一家银行愿意对他的想法认真加以考虑。“没有人愿意把一个冲浪服制造商当回事儿。我记得我曾走进一家银行为公司申请贷款，但他们只是嘲笑我。对于银行来说，由于许多服装公司倒闭，所以服装业是一个惹人不快的字眼儿。冲浪服制造商就更糟糕了。”

但是戈登并没有放弃，继续经营着自己的企业，直到最后终于得到了贷款。他还拓展了产品范围，在保留冲浪短裤生产线的同时，也向T恤和短背心生产迈进。在他感觉这个品牌已经在市场中立住了脚跟之后，他就在冲浪媒体中推出了分栏广告，之后他又买了更为昂贵的陈列广告。公司慢慢扩大商业范围，逐步遍及黄金海岸并横跨澳大利亚东海岸。20世纪70年代的大部分时间里公司都在逐步推进这个扩张过程，到了70年代末期，Billabong已经变成了一个名副其实的全国性企业了——其实，如果有银行的贷款支持，Billabong本应该发展得更快。但是在整个澳大利亚取得成功之后，国际性的扩张就指日可待了。

2008年系列的一款
男士T恤衫

下一波浪潮

随着在澳大利亚市场的根基不断稳固，戈登开始将国际扩张作为他的下一步行动计划。在许多人眼中，澳大利亚是冲浪运动的发源地，因而公司认为在海外冲浪市场上，Billabong这个澳大利亚的本土品牌也将会获得很多消费者的支持。向北半球看去，他们认为日本是一个很适合发展的国度，而且戈登也想要进入美国市场，因为那里虽然有众所周知的困难局面，但显然也存在着较大的赢利空间。外国零售商们深知Billabong这个品牌已经在澳大利亚本土取得了成功，所以它们也做好了准备，要给Billabong一个机会，尝试一下他们的产品。很快，Billabong开始将生产许可证卖给海外的分销商，这一举动也大大加速了公司的全球扩张进程。

外国零售商们深知Billabong这个品牌已经在澳大利亚本土取得了成功。

该公司始终与冲浪团体保持着密切的联系。它主办自己的冲浪比赛，包括男子世界循环锦标赛Ⅱ级赛事中的四场比赛以及八项女子比赛中的两场赛事，公司也始终都保留着它的澳大利亚生产基地。这是一个非常明智的营销策略，因为它能够确保世界顶级冲浪选手都是Billabong品牌的忠实支持者。这样就提升了公司的知名度，这也意味着刚刚进入该运动领域的新人更可能会购买他们的商品，因为他们认为这个品牌在业内是最好的产品。Billabong通向成功的道路是漫长的，但这种发展模式给公司带来的好处就是，他们没有太多的诱惑去通过弱化公司的产品来尝试轻松地赚大钱。现在，经过多年的辛苦运作，公司更不可能再做出任何可能削弱其市场吸引力的事情来。

Billabong目前境况如何？

戈登·麦钱特现在仍然是Billabong公司的董事会成员之一，他也是澳大利亚最为成功的企业家之一。他仍居住在澳洲，尽管已经年过六旬，他仍然是一个狂热的冲浪爱好者。事实上，在澳大利亚新南威尔士州的中北海岸上的安古里(Angourie)，他给自己建造了一个波浪形的房子。他和妻子现在已经分居，但是戈登仍把公司的成功大部分归功于雷娜，将其视为自己力量的源泉。

2000年，Billabong在澳大利亚股票交易所发行了股票，一个企业集团将公司49%的股份收入囊中，事实上就是雷娜那部分。Billabong已经通过股票市场进行了一些收购活动，并进而提升了自己作为一个全球品牌的形象。2001年3月，该公司收购了太阳镜生产商Von Zipper；四个月后，它又收购了 Element 滑板公司。对于这些公司的成功整合使得戈登有足够的勇气一鼓作气，将另外几个品牌也收入旗下：Honolua 冲浪公司于 2004 年 2 月被 Billabong 收购，2004 年 9 月 Kustom 制鞋公司和 Palmers Surf 公司也被收购。

此后，该公司继续不断扩张，将那些已经成为冲浪选手生活中一部分的品牌公司收归旗下。Nixon 手表及附件品公司于 2006 年 1 月加盟该公司，Element 鞋业公司和加利福尼亚州的 Beachworks 零售店也于 2007 年被纳入公司。为了支持集团的品牌组合战略，公司也收购了湿式潜水服专业品牌 Xcel、女士泳装品牌 Tigerlily 和美国的滑板品牌 Sector 9。

自上市以来，Billabong 的市值已经增加了近十倍，总销售额从 1999 年的大约 1.10 亿澳元(0.513 亿英镑或 0.958 亿美元)上升到了 2005—2006 财务年度的 10 亿美元。2007—2008 财务年度，按固定汇率计算，公司利润提高了 12.6%，并宣布了另外一起收购，即收购滑板运动的附属物品牌 DaKine。

云雾之湾

——成长中的葡萄酒品牌

创 始 人：戴维·霍南(David Hohnen)

创始人开始创业的年龄：35 岁

背　　景：与他人合作创建了一个澳大利亚葡萄酒厂

创立年份：1984 年

品牌创立时创业者的年龄：36 岁

公司类型：酿酒厂

目前涉足经营的国家：30 个国家

利润：LVMH 集团的葡萄酒和烈酒的利润为 30 亿英镑(52 亿美元)(LVMH 集团总额,2007 年)

云雾之湾(Cloudy Bay)几乎是当今世界上最为著名的白葡萄酒。然而它备受赞誉并使得公司赢得国际口碑的白苏维翁(Sauvignon Blanc)葡萄酒的生产,仅有两个年头。其掌舵人戴维·霍南是一位经验丰富、充满激情的葡萄酒酿造人。20 世纪 80 年代,他经过细心寻找、反复试制的新西兰葡萄为他赢得了荣誉,带来了成功。这个品牌一直追求质量,所以它在葡萄酒世界中不断引起轩然大波。20 世纪 90 年代早期,公司踏上了并购之路。目前,其葡萄庄园每年大概可以挤压 800 吨的葡萄,并且在超过 200 公顷的土地上与六个已建立固定契约关系的种植商合作。

植根于葡萄酒

由于有着葡萄酒方面的背景,所以早在 1970 年,戴维和他的哥哥马克就一起在澳大利亚西部开办了一个葡萄酒厂——曼达岬(Cape Mentelle)。戴维在经营葡萄园方面并不是一个新手,确实,整个霍南家族都对葡萄酒艺术情有独钟。当这个家族搬到新喀里多尼亚(New Caledonia)时,他们与葡萄酒开始结缘,因为在那里他们开始接触到了法国文化,当然还有葡萄酒。然后这个家族搬到了珀斯(Perth),他们的邻居在那附近经营着一个小的葡萄庄园,那里距离城市南部大概有三小时的路程。种植葡萄园强烈地吸引着他们,于是在 1970 年,霍南家族在当今澳大利亚最为闻名的地区成为了第三个开始种植葡萄的家族。曼达岬是戴维和他哥哥马克开办的第一家公司。戴维在加利福尼亚州的弗雷斯诺(Fresno)市度过了两年时光后,学会了葡萄酒贸易。之后他回到家里的葡萄园和他的哥哥一起工作。1976 年,他生产出自己的第一个商业佳酿——卡百内(Cabernet Sauvignon)葡萄酒。他们雇用了一批在玛格丽特河(Margaret River)附近闲逛的冲浪者,让他们帮忙生产优质、销路好的葡萄酒。

> 1970 年,霍南家族在当今澳大利亚最为闻名的地区成为了第三个开始种植葡萄的家族。

然后,灵感开始萌发了。1983 年,在珀斯召开了一场技术研讨会,一些新西兰葡萄酒酿造商来到玛格丽特河参观,他们留下了几瓶 1983 年产的奔富(Penfolds)牌白苏维翁葡萄酒。戴维尝了一杯这种上乘的葡萄酒,然后就下定决心要找出究竟是新西兰哪个地方能够生产这种葡萄。尽管他并不承认自己具有商业头脑，但他确信这种让人有焕然一新之感、芳香四溢的葡萄酒，存在着很广阔的市场前景，因为这种酒跟澳大利亚的红葡萄酒或者夏敦埃葡萄酒是那么地不同。

追求激情

已经了解了如何运营一家葡萄酒厂后，戴维不再满足于自家的葡萄庄园了。自从上次与新西兰白苏维翁葡萄酒邂逅后，戴维就开始对它非常着迷，并决定自己要尝试着酿造这种葡萄酒。第二年他参加了一个新西兰的酒品展销会，在那里他终于找到了生产那些葡萄的地区，即位于新西兰南岛北部紧挨布莱尼姆(Blenheim)的莫尔伯勒(Marlborough)。他的目标就是：要生产出与一年前曾品尝过的白苏维翁一样口感的葡萄酒。

在这次酒品展销会上，他结识了凯文·贾德(Kevin Judd)，这个人曾在谢勒斯酿酒厂工作过——那是一家位于莫尔伯勒的、建立已久的新西兰葡萄酒加工厂。凯文深谙葡萄酒的概念，也深知戴维的梦想，他成为了云雾之湾的第一个员工，并最终接手经营了这家公司。凯文正是戴维需要的那种人才：拥有在莫尔伯勒地区经营的丰富经验，并且在白苏维翁葡萄酒领域也已工作多年。有了这样的人帮忙，这个新企业就可以高枕无忧了。

非常有趣的是，戴维凭借着他在曼达岬的不懈努力，连续两次生产了“最优一年酿造”(一种仅酿造一年的红酒)，因此而在1983年和1984年连续两年赢得了声名卓著的吉米·沃森(Jimmy Watson)奖杯。这一点对于他的新企业大有裨益，使他在葡萄酒领域得到了尊重和声誉。

你也许曾听到过这样一个关于在葡萄酒行业赚钱是如何困难的笑话：“在葡萄酒业内要成为百万富翁，最好的方法就是最开始是一位千万富翁，然后等待财富一点点缩水。”这个笑话很好笑，但也是实情，它使得开办一个新的葡萄酒厂很难筹集到资金。1985年，戴维遇到了一位澳大利亚的风险投资者，他希望能够在莫尔伯勒买一块地皮。但当时时机欠佳，那时澳大利亚经济正在经历一个困难时期，新西兰也面临着生产全面过剩的问题，政府因而宣布将会按照每公顷5 000新西兰元(大约相当于今天的5 000英镑或

8 000 美元)来对种植者进行赔偿以抑制葡萄种植。尽管困难重重,戴维仍坚持自己的信念,并且在居住于曼达岬的哥哥马克的帮助下,设法筹集了100 万澳元(大约相当于今天的 100 万英镑或 190 万美元)的贷款(尽管利率高达疯狂的 23%!)。他在莫尔伯勒买下一小块土地。他之所以能够成功地说服投资者,主要是凭借着自己在行业内的良好声誉以及他的两次吉米·沃森大奖——没有它们,就不会有今天的云雾之湾。

随着这次购买土地的成功,云雾之湾葡萄庄园正式成立了。现在戴维已经拥有了这片土地和葡萄园,但没有加工厂来加工葡萄。因此,这个新企业不得不驱车将 40 吨的葡萄运往 400 英里远的位于吉斯伯恩(Gisborne)的科本斯葡萄酒厂,在那里,第一批葡萄被加工。然后葡萄酒被装在罐子里,再运到奥克兰装瓶。第一批酒主要在澳大利亚出售,因为那里市场潜力巨大;而由于戴维拥有良好的声誉,因此销售情况非常好。在葡萄酒贸易中,戴维能够通过合约使得自己的酒摆放在当地商店的货架上销售,并且颇为畅销。令人惊讶的是,葡萄园的首批葡萄酒在 1986 年《葡萄酒杂志》(*WINE Magazine*)的"白苏维翁品尝"栏目中被列为最高等级、品味最优的葡萄酒。

> 云雾之湾给人们提供了一款上乘优质葡萄酒,其名称简单明了,但却让人难以忘怀。

云雾之湾给人们提供了一款上乘优质葡萄酒,其名称简单明了,但却让人难以忘怀。"云雾之湾"这个名称来源于当地的一个地标:怀劳河(Wairan River)的淤泥将云雾之湾填满,将其变成了混浊的浅棕色、乌云密布的样子。然而对于这家葡萄园来说,这并不是它的第一个名字,戴维最初想要使用附近另外一个地标——告别岬(Farewell Spit),但是这个名字很快就被驳回了,因为它根本就不适合做一个葡萄酒的名字。而云雾之湾的那种独特的忧郁意境非常适合这个品牌。这个以缄默不语的山脉为标识的商标,是在俯瞰理查德山脉时得到的灵感所触发的。

开发产品

戴维频繁地往返于从澳大利亚西部的玛格丽特河和莫尔伯勒的布莱尼姆之间，凯文则负责葡萄园的日常运营，云雾之湾很快就在市场上建立了相当稳固的地位。接下来的一年，凯文负责云雾之湾葡萄酒厂的创建工作，而且他们与科本斯酒厂签署了每年120吨葡萄酒生产的协议。在戴维获得了百万元的现金贷款后，那家贷给他钱的银行就破产了。所以他不得不进行再融资来完成葡萄酒厂的建立。

庄园本身的运营是比较安逸、简单的。凯文还和我提到了安置在主要门廊上的扩音器，里面播放的音乐大都是 Split Enz 或者 Crowded House 乐队演奏的。每个人都可以轮流选择播放列表。

葡萄酒厂安置完毕之后，第二个庄园也已建立起来，其葡萄酒被运往英国和美国。在那两个国家，它也受到了媒体最高的赞誉。凭借着在曼达岬所获得的成功，戴维受到了广泛的尊重。通过亲自将自己的葡萄酒连同新西兰新鲜多汁的河蚌送到一些酒业作家手里，戴维确保了媒体对其存在的知悉。

戴维个人的方式创造了许多奇迹：英国葡萄酒鉴赏师休·约翰逊(Hugh Johnson)将云雾之湾称誉为“白苏维翁中最好的葡萄酒”。卓有影响力的美国葡萄酒评论家罗伯特·帕克(Robere Parker，该人通常与休·约翰逊意见相左，这一点众所周知)对此也颇为认同：他认为云雾之湾绝非一般的技艺。而那些喜爱酒的人则这样描述：先是草药的浓郁香味从酒杯中溢出，接下来是一种新鲜的口感和热带水果气息带来的刺激。用外行人的话说，就是上乘好酒。葡萄酒销售的奥妙就在于，只要有媒体对你有评价之词，就会有商家向你要货。

凭借着在曼达岬所获得的成功，戴维受到了广泛的尊重。通过亲自将自己的葡萄酒连同新西兰新鲜多汁的河蚌送到一些酒业作家手里，戴维确保了媒体对其存在的知悉。

凯文在接受《邮电报》的一次采访中，讲述了该品牌是如何迅速跻身于最棒的葡萄酒之列的。“我认为云雾之湾诞生于合适的时间、合适的地点。我们找到了一个很好的生产地点，有时候我们甚至会为了生产最优质的葡萄酒而牺牲销量。”云雾之湾现在可以利用为数不多的刚刚兴起的新西兰葡萄园，正当英国和美国这些国家开始将视线转移至南半球市场时，他们已经到达了那里。

新西兰葡萄酒已经赢得了一些国际上的关注。这方面最早的先行者是蒙塔纳(Montana)公司，它于1980年便开始了国际化的经营；而云雾之湾也开始进入国际市场。附近的葡萄庄园，如蒙塔纳和亨特斯(Hunters)，尽管已经建立五年之久，但是仍然不能与云雾之湾的葡萄酒相媲美。

拓展与完善

1987年，这个新成立的酿酒厂向澳大利亚葡萄栽培技术家理查德·斯马特(Richard Smart)寻求帮助，他加入了公司，并且提出了顶棚管理的建议，他的意见使得葡萄能够在合适的时间成熟并且确保口味极佳。理查德回忆道：“当我来到这里时，公司事务管理得非常好，但仅停留在地区性的商业层面。”他能够使产品变得更好，同时也确保了产品的高品质以维持海外市场对它的钟爱。

一段时间后，云雾之湾建立了一个高效的工作管理团队，其中包括葡萄酒酿造人员、葡萄栽培技术人员和种植人员。公司逐渐开始收购更多的土地，与另外五个葡萄园建立了联系，从而确保了葡萄的收割。公司采用了当时葡萄酒工艺中最前沿的Scott Henry Trellis系统(该系统目前仍在使用)，它提供了更好的叶/串(Leaf-to-bunch)比率，确保了葡萄得到更多的日照并更快地成熟。

贯穿于云雾之湾历史的白苏维翁酒，其成功仍在延续，但是葡萄园也开始实施多元化。1987年，他们推出了第一款汽酒——哑罗经(Pelorus)；1992年，葡萄园使用野生酵母试验了一桶发酵的霞多丽(Chardonnay)获得了巨大的成功。1996年公司推出了蒂蔻蔻(Te Koko)酒，紧接着又推出了黑比诺(Pinot Noir)。这几种酒每年都会生产,另外他们也生产少量的雷司令(Riesling)和琼瑶浆(Gewürztraminer)。

云雾之湾的时尚理念

尽管这些新上市的葡萄酒获得了成功,但使得在地图上能够找到莫尔伯勒葡萄园的仍然是白苏维翁葡萄酒。每一年公司生产的白苏维翁有 6 万瓶之多,其中绝大部分都出口到英国和澳大利亚,还有较少一部分卖到美国——而且产品很快就售卖一空。想买到这种酒只能说试试看——由于葡萄酒的生产根本无法满足需求,所以即便是像英国葡萄酒协会这样的主要客户也只能得到定量的供应。

> 每一年公司生产的白苏维翁有 6 万瓶之多,其中绝大部分都出口到英国和澳大利亚,还有较少一部分卖到美国——而且产品很快就售卖一空。

确实,在广大葡萄酒迷和消费者之中,尤其是在英国,喝云雾之湾已经发展成为一种“时尚”。但是云雾之湾是如何获得这种广泛青睐的呢?部分原因是与该公司所提供的高品质葡萄酒有关:一位葡萄酒评论家将品尝白苏维翁葡萄酒的感受比做像听到巴赫的哥德堡变奏曲一般。

这种成功很大程度上也与戴维·霍南敏锐的市场营销能力有关。不管是作为一种营销策略抑或仅仅是由于物流的问题,云雾之湾每年十月只将有限数量的葡萄酒运到英国,这就导致了较高的价格和未能满足的需求量。许多零售商将葡萄酒的价格翻了一倍,结果仍然是一卖即空。英国的零售商们转而通过欧洲市场来购买它们的配额,从而使得英国的价格变得更高了。

1990 年,戴维决定将云雾之湾(以及曼达岬)卖给约瑟夫·亨里厄特(Joseph Henriot,Veuve Cliquot 香槟酒后来的主人),这使得公司大踏步向前发展。在得到了大量的现金注入后,戴维得以将公司带到下一个发展阶段。他们将市场拓展至欧洲和日本，继续坚定不移地生产高品质产品。

云雾之湾目前境况如何？

2003年，奢侈品生产巨头 LVMH 买下了 Veuve Cliquot，而云雾之湾和戴维的第一家葡萄酒厂曼达岬也被纳入囊中。目前戴维已经退出公司，并由托尼·乔丹(Tony Jordan)继任；凯文·贾德仍留在公司。这次收购也意味着该公司能够利用 LVMH 这个全球企业完备的分销网络。他们的葡萄酒目前遍布21个欧洲国家、美国、加拿大、巴西、亚洲、斐济和南非。葡萄园最近也已经被扩建，建立了一个现代化的全新的装瓶车间。在诸如香槟酒和葡萄酒这样声名卓著的重量级产品的支撑下，该公司正迈向新的扩张之路——我希望，不会以牺牲产品的质量为代价。

戴维新的风险投资项目是另外一个葡萄园——McHohnen Henry，这个企业是他与妹夫共同建立的，由其女儿弗雷亚负责经营。他赢得了2007年开幕的里昂·埃文斯领导才能大奖(Len Evans Award dor Leadership)；也被认为是将新西兰和澳大利亚的葡萄酒带向世界的奠基性人物。

可口可乐公司

——商业的“可乐”一面

创 始 人：约翰·彭伯顿(John Pemberton，产品创造者)和阿萨·格里格斯·坎德勒(Asa Griggs Candler，企业创始人)

创始人开始创业的年龄：55 岁和 35 岁

背　　景：医药业和销售业

创立年份：1886 年

公司类型：饮料生产商

目前涉足经营的国家：超过 200 个国家

净利润和总收入：6 亿英镑(12 亿美元)和 40 亿英镑(73 亿美元)

每个人都体验到了“生活中‘可乐’的一面”。在全世界，你随处都能看到可口可乐抢眼、靓丽的红色商标标识——无论是在英国酒吧外的阳伞上，还是在足球场地周围；也无论是在中国商店的牌匾上，还是在纽约时代广场 20 层楼高的霓虹灯广告牌上。可以毫不夸张地说，可口可乐公司（The Coca-Cola Company）已经存在于世界上任何一个国家，虽然它不一定是世界上第一个真正的全球品牌。它被誉为是世界上最知名的商标和最受欢迎的品牌饮品。

配制药方

然而，这个令人惊叹的成功故事，却有个极其平凡的开端。佐治亚州亚特兰大市的一位名叫约翰·彭伯顿的药剂师发明了可口可乐。1886 年的一天下午，当工人们在纽约港建造自由女神像的时候，彭伯顿正在他家的后院做着实验，试图在一个三腿铜罐里混合几种成分制成一种饮品。他配出了一种焦糖色的芳香液体。完全出于好奇，他把这种液体送到附近的一家名叫雅各布的药剂厂，并向液体里添加了二氧化碳水。给消费者品尝之后，消费者都认为这种液体的味道很特别。随后，雅各布药剂厂开始以五美分一瓶的价格把它作为药品销售。彭伯顿宣称，他这种新饮品可以治疗各种疾病，包括吗啡成瘾、消化不良、神经衰弱、头痛，甚至阳痿。

约翰·彭伯顿在其家的后院内的一个铜罐里调制出可口可乐

第一年，彭伯顿一天只卖九瓶可乐，大约 50 美元（等于现在的 1 140 美元或 611 英镑）。而生产和宣传这种饮品就要花费彭伯顿 70 美元，因此他亏本了。但他仍然坚持下去，受到这种饮品在消费者心中大受欢迎的鼓舞，彭伯顿相信他最终一定会成功。

他最初将其命名为**彭伯顿法国葡萄酒可乐**，而后，很快就用糖取代了饮料中的酒精成分，使之更符合饮料这种产品名称。彭伯顿的记账员弗兰克·罗宾逊又将其改名为可口可乐，他还用与众不同的脚本记下了商标名称，并且沿用至今。可口可乐这个名字取自于饮料中两种主要成分，一种提取于古柯（coca）植物，另一种提取于富含咖啡因的可乐（kola）坚果。直到 1905 年，可口可乐依然含有微量可卡因起医疗作用。

可口可乐这个名字取自于饮料中两种主要成分，一种提取于古柯植物，另一种提取于富含咖啡因的可乐坚果。

彭伯顿的新公司开始通过让其他药房也出售可口可乐来增加饮料的销售。新公司向药房共卖出了 25 加仑的可乐原浆，并确保所有的商店里出售的饮料都有手绘的可口可乐标志，以助促销。彭伯顿游说了六个当地商人投资他的新公司，帮助他进行融资扩张。

可口可乐著名的广告活动在其早期就已开始植根：发明可乐这种饮品后不久，彭伯顿就在《亚特兰大日报》（*The Atlanta Journal*）上发布了第一条广告，邀请人们来品尝这种"新的受欢迎的汽水饮料"。

不幸的是，彭伯顿于 1888 年逝世，因此未能看到他的饮料风靡全球。把可口可乐推向全球的是亚特兰大商人阿萨·格里格斯·坎德勒，他以 2 300 美元（相当于今天的 5.24 万美元或者 2.8 万英镑）的价格买下了关于可口可乐的一些权利。由于重病的彭伯顿还将可口可乐的一些权利卖给了另一个商人，同时还将某些专有权给了他的儿子，这耗费了坎德勒三年的时间才得到了他对这个企业的权利。

坎德勒对可口可乐品牌有着长远的计划，他打算把这个现在受欢迎的饮品从饮料业变成一种商业。他解散了该公司的制药部门，并与其兄弟约翰·坎德勒和彭伯顿的记账员弗兰克·罗宾逊合伙。他们筹集了10万美元(相当于现在的228万美元或129.8万英镑)来启动该业务,这在当时是一个相当可观的数字。

1891年,坎德勒完全拥有该企业的控制权,并在一年之内将可口可乐原浆的销售量提高了十倍。1892年,公司成立,可口可乐公司正式诞生。

利用新的广告技术,坎德勒及他的合伙人开始了一场盛大的营销活动。为了达到口耳相传的效果,他们在报纸上印刷发放免费的可口可乐品尝券。他们还向药店免费提供2加仑的可口可乐原浆,条件是只要他们同意在客户出示免费品尝券时,他们愿意将其中的1加仑作为免费品尝的样品。坎德勒提供给药剂师印有可口可乐品牌名称的壶、时钟、日历和天平。这种有力的品牌推广方法和几乎每个人都喜欢的饮料相结合取得了空前成功,使其销售量大增。仅四年之后,也就是1895年,不断增长的需求量促使坎德勒在芝加哥、达拉斯和洛杉矶建立原浆厂,并向他的股东宣布,目前可口可乐的消费者已遍及美国各个州和地区。今天,若在全国范围内推广一个产品十分容易,没有人会认为这是多么大的成就。但那时是这样一个年代:跨越全国要花费数日,没有电台和电视,因此要想在各个州都能如此迅速地做宣传是相当惊人的。

1894年以前,可口可乐仅以杯装销售,直到密西西比河一位名叫约瑟夫·比登哈恩(Joseph Biedenharn)的商人在其工厂里把可口可乐装进了玻璃瓶子,并给坎德勒送去一打。坎德勒不看好这种瓶装形式,很快就放弃考虑这个方案。1899年,他又忽略了关键的一步,两个从田纳西州查塔努加(Chattanooga)市来的律师,本杰明·F.托马斯(Benjamin F. Thomas)和约瑟夫·B.怀特黑德(Joseph B. Whitehead)从坎德勒手中取得了瓶装饮料在几乎美国各地的专有权,价格仅仅为1美元。实际上,坎德勒心里极其确定这个瓶装饮料的想法不会带来任何收益,以致他都懒得去接受这1美元。

这就是这个延续至今的不同寻常的公司结构的开始。可口可乐公司给全世界的顾客提供原浆——也叫做浓缩物。其中一些顾客是像早期医药连锁店那样销售杯装饮料的餐馆和酒吧,另外一些顾客是那些装瓶公司,它们在工厂将苏打水添加到原浆里进行装瓶,然后在商店出售。

近一个世纪以来可口可乐包装瓶的演变过程

托马斯和怀特黑德开始在查塔努加和亚特兰大开设装瓶饮料厂，但他们很快就意识到，有一种更好的方式可以帮助他们在全国范围内推广瓶装可口可乐。这时，又有一个人加入到他们之中，三个人把全美分为三个区域，开始向当地的企业家出售可口可乐装瓶权。因为每个地方的企业家使用的都是其自己的资金，这样不仅降低了这两个律师需要的资本额，而且还使他们对当地的情况有了了解，并让那些企业家能对项目全心地投入，这是以任何其他方式都很难取得的效果。1900 年，第一个可口可乐装瓶授权分销商出现，到 1909 年，全国已经有 400 家可口可乐装瓶厂。

到 19 世纪和 20 世纪之交时，坎德勒已将可口可乐销售额增至 1890 年同期水平的 40 倍，与此同时，持续不断的广告活动与免费品尝券也使“可口可乐”的名字在全国家喻户晓。

初现海外

可口可乐最早是由坎德勒的儿子查尔斯带到国外的。在一次前往伦敦的旅途中，查尔斯带了一罐 5 加仑的可口可乐原浆，这是为满足若干个小订单准备的。1900 年 8 月 31 日，可口可乐首次在英国出售，并逐步积累了足够的实力使其在伦敦塞尔福里奇(Selfridges)百货公司和体育馆销售。

目睹了瓶装饮料在美国的成功后，可口可乐公司决定将装瓶权在海外地区进行特许经营。1906 年，加拿大、古巴和巴拿马成立了海外的第一批装瓶工厂。随后不久，其他一些国家，包括菲律宾和关岛，也分别于 1912 年和

1917 年开始生产瓶装可口可乐。由于在美国本土坎德勒的销售成效显著，因此他在其他国家供应产品时也采用了全面营销活动，确保可口可乐的亮红色标识在商店和咖啡馆随处可见。

> 坎德勒在其他国家供应产品时也采用了全面营销活动，确保可口可乐的亮红色标识在商店和咖啡馆随处可见。

在其他国家获得可口可乐装瓶权的公司多数是啤酒制造商。这样做是非常可行的，因为啤酒制造商已经具有装瓶厂房和所需的专业技能，所以对它们来说把这种新的饮品列入其经营范围相对容易而且省时。此外，现有客户群使得啤酒商还拥有了分销渠道，这就意味着，与在另一个国家从无到有建立一个新的企业相比，可口可乐可以更迅速地进入商店、酒吧和餐馆。

可口可乐已经家喻户晓，显然是在市场上取得了成功，因此不可避免地出现了众多竞争者，然而没有任何人知道准确的完全保密的原浆配方。

可口可乐公司开始关注一个问题，那就是顾客拿到一个其他品牌的饮料，很容易误认为是“真正的可口可乐”，这不仅会给可口可乐在销售上带来损失，而且也有可能出现这样的情况，就是消费者因为不喜欢竞争者的产品而下次不再购买可口可乐。是该采取行动的时候了。于是，可口可乐公司决定设计一个独特的瓶子，以确保他们的产品脱颖而出。1916 年，在一次设计大赛之后，现在著名的可口可乐玻璃瓶被首次使用，它是由位于印第安纳州特雷霍特(Terre Haute)的根玻璃(Root Glass)公司设计的。选择最终获胜的这个设计是因为它既美观又新颖，而且，即使在黑暗中，人们也可以很容易地确定它是正牌的可口可乐。

新的领导层，新的希望

经过近 60 年的成长，可口可乐成长为一个庞大而成功的企业。1919 年，坎德勒最终以 2 500 万美元(相当于现在的 3.41 亿美元或者 1.83 亿英镑)的价格将可口可乐业务出售给欧内斯特·伍德拉夫(Ernest Woodruff)。1923年,其子罗伯特成为董事长。该公司在特拉华州重新注册成立,并在纽约证券交易所上市,向公众发行50万股股票,每股售价为40美元。现在,可口可乐在美国的牢固地位已经确立了;伍德拉夫的任务是走向全世界。他的目标是:让他的品牌成为一种"唾手可得的渴望"(in arm's reach of desire)。

20世纪20年代到30年代期间,伍德拉夫将他的目光放在国际扩张上。1923年,伍德拉夫接手可口可乐时,可口可乐已经在北美建立了牢固的基础;在南美也有一些瓶装业务,且刚刚在法国开设了第一个欧洲的装瓶生产厂。在此基础上,20世纪20年代伍德拉夫的可口可乐继续在危地马拉、洪都拉斯、墨西哥、比利时和意大利开设分厂。1926年,可口可乐设立对外部门,该部门于1930年成为可口可乐进出口公司。在所有可口可乐登陆的国家,都会出现具有创造性的、充满活力的和所在国文化相关联的广告活动。

1928年,可口可乐迈出了意义重大的全球性的一步:伍德拉夫在阿姆斯特丹开始了与奥运会的合作伙伴关系。1万瓶可口可乐随同美国队出战,而且在奥林匹克体育场内进行销售。商贩们穿着带有可口可乐标志的帽子和外衣,周围的咖啡馆、餐馆和商店也出售可口可乐。在其他地方,伍德拉夫还让公司标志出现在了加拿大的狗拉雪橇上和西班牙斗牛场的四周。到第二次世界大战开始时,可口可乐已在44个国家销售。作为一个营销天才,伍德拉夫为公司开发了一条成功但有限的生产线,引入了迷你六瓶(six-pack,让可口可乐移动性更强,并鼓励人们大量购买)和顶部开放式冷却机(open-top cooler)。从1929年开始,人们可以在自动贩卖机上购买可口可乐。1930年,可口可乐通过无线电广播进行宣传。1935年,开始聘用女性作为上门推销员推销可口可乐,目标是每天拜访125个家庭。在1931年圣诞节期间的一个旨在在各地儿童中引起反响的营销计划中,可口可乐著名的红色圣诞老人第一次闪亮登场,而随着时间的推移,它取代了存在已久的,人们已经习以为常的绿色圣诞老人。

可口可乐的战时成就

在整个第二次世界大战期间，可口可乐都没有停止生产，甚至向所有服役人员提供5美分的饮料，无论这些人在哪个国家，也无论公司花费多少。1943年6月29日，艾森豪威尔将军亲自要求向北非运送10个装瓶厂所需的原料和300万瓶可口可乐以及足够的物资，以保证每月600万瓶的产量，向部队供应饮料的装瓶厂随即成立。可口可乐六个月内做出回应，并成立了阿尔及尔装瓶厂。

身着红衣的圣诞老人现在是一个全球认可的形象

在二战期间，共开设了64个装瓶厂，服役人员消费了超过50亿瓶可口可乐。流动服务站也被搬到了战场，欧洲和太平洋地区的人们首次喝到了可口可乐。这些战时装瓶厂后来被当地人接手，在美国人离开后，继续生产和销售可口可乐。

促进全球幸福

战后的美国是可口可乐扩张的最佳地点——在那里，人们追求一种无忧无虑的生活方式。其广告正反映了这一愿望："免下车"电影院里相爱的夫妇，开着崭新的汽车兜风的幸福家庭，这样的画面随处可见。可口可乐继续作为汽水销售，并出现在了冷饮店的菜单上。

到目前为止，可口可乐公司虽然是极其成功的，但仍只有一种产品，因此公司开始尝试研发新口味的饮料。20 世纪 50 年代推出芬达(Fanta，最初在战时的德国调制)，1961 年推出雪碧(Sprite)，1963 年推出 TAB，1966 年推出弗雷斯卡(Fresca)。可口可乐公司于 1960 年收购了美汁源(Minute Maid)公司，将其业务扩展到果汁饮料。新的可乐生产线也于当年投入使用，包括大瓶装和金属罐饮料的生产线。

20 世纪五六十年代，越来越多的国家和地区建立了装瓶厂，包括柬埔寨、蒙塞拉特、巴拉圭、中国澳门和土耳其。在 20 世纪七八十年代的全球经济繁荣时期，许多可口可乐中小型工厂联合起来以更好地满足日益增长的国际客户群。到 1969 年，可口可乐在全球市场的销售额第一次超过了在美国本土的业绩。

1971 年，可口可乐制作了一个非常特别的电视广告，在广告中可以看到来自世界各地的年轻人聚集在意大利的一座山的山顶高唱“我要为世界买一杯可乐”。可口可乐已在国际市场上喊出了自己的口号，在一段时期内这被认为是一种团结的标志，而当时还是一个尚未意识到全球化的深远影响的时代。值得一提的是，1978 年，中国宣布可口可乐公司为唯一经许可在中国出售包装冷饮的公司。

可口可乐已在国际市场上喊出了自己的口号，在一段时期内这被认为是一种团结的标志，而当时还是一个尚未意识到全球化的深远影响的时代。

智能冒险

1981 年，罗伯托 · C. 戈伊苏埃塔成为可口可乐公司董事会主席兼 CEO，他决定采取被其称为“智能冒险”的推进公司前进的策略。这项策略以在1982年独立日推出健怡可乐作为开端，这是可口可乐商标的第一次扩展。可口可乐的老对手百事可乐公司于1963年就推出了饮料的低热版本，取得了巨大成功。尽管进入市场较晚，但在两年内可口可乐已成为全世界热量最低的饮料。虽然可口可乐市场嗅觉不太敏锐，但紧随健怡可乐之后便推出了一系列相关产品，包括无咖啡因可乐和樱桃可乐。

戈伊苏埃塔最冒险的一项创新开始于1985年，在这一年他推出了一款新口味的可口可乐，这也是99年来可口可乐模式上的第一次改变。为什么要定格于那些一成不变的东西呢？然而，情况正在发生变化：在第二次世界大战结束时可口可乐的软饮料市场份额下降至60％；到1983年，更是不到24％。这在很大程度上是拜其新的竞争对手——百事可乐所赐。在过去四年，可口可乐的股价也下跌了2.5％（听起来似乎是一个很小的百分比，但代表其市值下降了5亿美元，约合4亿英镑）。百事可乐向可口可乐在市场上的成功发起了正面挑战，它在美国的大街上进行了口感盲测，结果很多人选择了更甜的百事可乐。这也说明了百事可乐在超市中的销售额为什么会超过可口可乐。

新可口可乐在推出之前展开了大量调研，得到了测试人员的认同，多数人认为其味道好于百事可乐，但它在市场上却并未取得成功。人们表现出空前的品牌忠诚度，要求可口可乐恢复以往的口味。可口可乐收到超过4万封投诉信，强烈要求他们生产原来口味的可乐，消费者热线一度瘫痪。可口可乐公司的市场份额下降到1.4％的低水平。评论家称这项创新为有史以来最大的营销失误。这时，百事可乐宣布自己成为这场"可乐战争"的获胜者。可口可乐公司听取了市场的意见，在推出新可口可乐79天之后，他们再次开供应原口味可口可乐，打出经典可口可乐的招牌，同时也进行新口味系列的销售。

此举带来了重大的回报：ABC新闻主播彼得·詹宁斯（Peter Jennings）中断了正常节目，与观众分享可口可乐重新供应原口味可乐的消息；美国参议员戴维·普赖尔（David Pryor）在参议院发言，称可口可乐的这次回归是"美国历史上一个有意义的时刻"。更重要的是，可口可乐销售额猛涨，重新回到榜首，并且从此再也没有失去霸主地位。新可口可乐慢慢停止生产销售，直到今天，仍在使用最初的配方。

> 他们再次开始供应原口味可口可乐，打出经典可口可乐的招牌，……销售额猛涨，重新回到榜首，并且从此再也没有失去霸主地位。

为了管理目前大规模的装瓶商网络，1986年，公司成立了可口可乐企业公司(Coca Cola Enterprise Inc)。这一新公司成立的目的是将装瓶合作伙伴组织起来，并确保它们能够生产出满足国际市场需求的可乐。如今，公司依旧遵循同样的原则：可口可乐与当地装瓶商合作，这些合作者中有些是上市公司，有些是独立的家族企业；值得注意的是，其中大多数都不归可口可乐所有。装瓶厂(其中目前还存在的有300家)封装、分发和销售可口可乐产品。

1985年，可口可乐成为第一个在苏联独立运营的企业；在整个20世纪90年代初期，其在东欧大量投资建设装瓶厂。

飞得更高

在20世纪90年代，可口可乐通过赞助奥运会、世界杯足球赛、世界杯橄榄球赛和NBA，使其初现于体育界。1993年，人们见证了耳熟能详的“永远可口可乐”的广告活动的开始。到1997年，可口可乐公司每天销售的产品达10亿瓶。

最后一批希望可口可乐能“赏光”在本国销售的国家之一是印度：印度法律要求，如果一个公司拒绝给出商业秘密信息(比如可口可乐坚持保密的配方)，就不允许它进驻印度市场。1993年，印度修改了其关于商标的法律条款，可口可乐开始在该国销售。印度是一个人口众多、天气炎热的国家，这看似是可口可乐这个国际巨头的沃土，但令人惊讶的是，可口可乐在占领印度市场时却举步维艰。它的缓慢增长主要是因为收购了印度品牌Limca、Maaza和Thums Up。该公司在其他国家也采取了同样的增长模式，收购了美国的巴客之根(Barq's root)啤酒和秘鲁的印加可乐(Inca Kola)。

由于公众需求，“经典”可口可乐重新返回市场

1999年，可口可乐公司收购吉百利·史威士(Cadbury Schweppes)股份有限公司在各个国家(包括英国在内)的软饮料业务。这在现有产品，如可口可乐、健怡可乐、樱桃可乐、芬达、雪碧、Lilt和第五季的基础上，又增加了原史威士公司业务范围内的饮料，如辣椒博士、绿洲、起亚、欧劳和马尔文水，从而扩展了产品范围。

可口可乐公司目前境况如何？

可口可乐公司目前拥有400多个品牌，每天销售超过15亿份饮料。自其成立以来，已生产了超过100亿加仑的原浆。在市场被可口可乐所主导的所有国家中，墨西哥和冰岛的人均消费量最高。公司拥有员工超过9万人，而这个数字在总裁兼CEO穆泰康(Muhtar Kent)的领导下继续攀升。为了颂扬其宝贵遗产，可口可乐新世界(New World of Coca-Cola)于2007年开放。这一旅游景点致力于其品牌推广，现在已经是亚特兰大的主要旅游景点之一。

现在，这个重要的全球公司在其许多市场上都已经非常成熟，然而它也面临不少新的挑战，从许多发达国家对软饮料需求模式的改变到一些日益富裕的国家(如中国)巨大而迅速增长的潜力。可口可乐继续丰富其品牌名单，其中包括在2005年推出的零度可乐，以及对一些饮用水公司和茶饮料

世界各地的可口可乐饮料：可口可乐是第一个享誉全球的品牌

公司的收购。最近，可口可乐公司推出了其第一款服装。那就是在沃尔玛超市有售的用再生塑料可乐瓶制成的T恤衫。

公司在广泛征询的基础之上对产品予以创新，近期已推出添加了维生素和矿物质的健怡可乐

今天，72%的可口可乐是在美国以外的市场销售，可口可乐股价在持续赢利性增长的预期基础上持续攀升。

格林—布莱克

——如巧克力般香甜

创 始 人：克雷格·萨姆斯(Craig Sams)和约瑟芬·费尔利(Josephine Fairley)

创始人开始创业的年龄：47 岁和 35 岁

背　　景：餐馆老板和记者

创立年份：1991 年

公司类型：巧克力制造商

目前涉足经营的国家：全球 20 多个国家

销售额：4 000 万英镑(7 000 万美元)

格林—布莱克(Green & Black's)是世界上成长最快的巧克力糖果品牌。其成立于 1991 年，以支持伯利兹(Belize)的玛雅印第安人(Mayan Indians)为最初目的，现在每年其巧克力产品的销售额超过 4 000 万英镑(7 000 万美元)，有雇员大约 40 名，业务遍及美国、澳大利亚和东南亚。

它的发家史充满了创新、伦理、商业和公平贸易等诸多因素；总之，它是一个成功的好例子，教你如何自信而富有激情地面对自己的事业，并在恰当的时间推出恰当的产品。

最近，格林—布莱克已经进军冰淇淋、谷物棒、饼干和巧克力味饮品市场。该公司使用的可可豆原产于伯利兹和多米尼加共和国。据估计，格林—布莱克使用了世界上有机可可豆的1/3。

2005年，糖果巨头吉百利·史威士以约2 000万英镑(3 600万美元)收购了格林—布莱克(吉百利已于2003年购买了最初的5%的股份)。现在，此品牌价值约为4 000万英镑(7 500万美元)，而且它在吉百利内部仍然还是独立运作的。格林—布莱克已经完全主宰了有机巧克力市场——他们占有大约90%的份额。1991年，格林—布莱克刚起家时只拥有波多贝罗市场(Portobello Market)的一个摊位，现在其产品已经出现在多数大型食品零售商处，例如英国的薇柔(Waitrose)、塞恩斯伯里(Sainsbury's)和乐购(Tesco)，以及各种购物网站上。虽然它的总部设在伦敦，但它的巧克力却是在意大利科莫湖(Italy's Lake Como)地区一个家族企业里生产的。

克雷格·萨姆斯和约瑟芬·费尔利给全世界带来了有机巧克力

一口改变了一切

夫妻团队创始人克雷格·萨姆斯和约瑟芬·费尔利对于体现道德操守的食品市场十分熟悉。克雷格有一段不同寻常的嬉皮士历史。他于1972年在波多贝罗路创办了谷神星(Ceres)——这是英国的第一个有机面包店，并且在 1967 年，在诺丁山(Notting Hill)开了英国第一个长寿餐厅〔早于人们将这个词跟麦当娜(Madonna)和格威妮丝(Gwyneth)联系在一起的时间〕。

作为一个大胆的创新，克雷格将糙米和酱油(无小麦酱油)引入英国。他推陈出新，用苹果汁代替糖使果酱变得更甜。他还创建了全球品牌，推出了第一种纯果仁花生酱。他同时担任土壤协会会长，这是一个致力于可持续发展的有机农业和人类健康的英国慈善机构。

约瑟芬，最初受到 1971 年发表的《购物者拯救地球指南》(*The Shopper's Guide to Saving the Planet*)一书中"走向绿色"这一观点的启发，成为了《泰晤士报》环境话题的记者，并曾为"有机生活方式"专栏撰文。

因此，如果说存在某个人向世人提供令人兴奋的、符合道德准则的和真正体现创新精神的巧克力系列，那一定就是这两个人。他们是真正的环境"十字军"。凭着超前的时间观念和对巧克力的热情，他们决定给后人留下一些道德遗产。

最重要的时刻其实也很简单。约瑟芬碰巧尝到了克雷格办公桌上一块吃了一半的纯度为 70%的黑巧克力。这块有机可可豆成分的巧克力是作为样本送到克雷格这儿的。约瑟芬对这种巧克力一见钟情，于是这对夫妇开始了他们创造世界上第一款有机巧克力棒的发现之旅。

约瑟芬在创立者手册《甜蜜的梦，格林—布莱克的故事》(*Sweet Dreams, The Story of Green& Black's*)中这样描述那一时刻："随着这块黑巧克力在我的舌头上融化，我知道我的巧克力寻觅之旅结束了。"

他们是真正的环境"十字军"。凭着超前的时间观念和对巧克力的热情，他们决定给后人留下一些道德遗产。

开始起步

当时在波多贝罗已经具备所有食品业务销售和分销的基础设施。凭约瑟芬的记者经验，她知道这种含 70%可可固形物的有机巧克力棒对大众来说是一种"新鲜玩意儿";她负责市场营销,掷下了2万英镑(3.4万美元)的现金以启动该业务,这对她意味着承担了极大的责任。

取名时,他们想使人有经典的感觉,给人以糖果的历史悠久感。怀着对精英巧克力品牌〔如沙博内尔—沃克(Charbonnel & Walker)、卡拉尔—鲍尔(Callard & Bowser)〕的敬意,他们决定在其名字中也必须有一个 & 放在中间。"Green"代表他们的道德立场,"Black"表示在他们的第一块具有历史意义的巧克力棒里,70%的可可固形物所体现的纯度。这样就诞生了 Green & Black's。克雷格和约瑟芬相信"&"的使用在某种程度上使他们看起来更像是一个已经成立多年的公司。他们根本不知道,关于"Mr. Green"和"Mr. Black"的真实含义,他们会收到那么多好奇的问题。

"Green"代表他们的道德立场,"Black"表示在他们的第一块具有历史意义的巧克力棒里,70%的可可固形物所体现的纯度。

他们的时机掌握恰到好处。零售商们对摆脱过时、守旧的健康食品观念,销售世界上第一款有机巧克力的机会感到很兴奋。克雷格承认,真正的挑战是使巧克力消费者进入到一种新的思维方式并购买格林—布莱克的产品。约瑟芬运用公关手段对一个钟爱巧克力的女记者发动攻势,结果一击即中,格林—布莱克被其誉为"几乎"无罪的巧克力。这次推广就获得了巨大的成功。

塞恩斯伯里夫人在她参加的晚宴上对格林—布莱克的躬亲推荐非常关键。塞恩斯伯里是第一家对格林—布莱克进行存货的超市,很快西夫韦(Safeway)也开始销售。口耳相传是其向市场传递信息和口感的关键。由于没有营销预算,他们利用了其所经营的全食食品公司的业务,在伦敦、德国和美国贸易展览会建立起摊位。尽管进程缓慢,但随着公司在丹麦、芬兰、瑞典、澳大利亚、新西兰和美国等海外市场赢得了关注度,他们的努力还算是有效果的。

虽然费财费力,但参加这些展览会被证明是值得的,正如公司创始人在

《甜蜜的梦》一书中描述的那样,"你应该从竞争中看出点什么。你应该与市场接触……当我们得到反馈信息是,我们的巧克力在英国之外有巨大的潜在市场时,我们感到备受鼓舞"。

调味

1994 年,受伯利兹之旅的灵感启发,克雷格和约瑟芬研究决定将他们的巧克力与香料和柑橘混合;令他们开心的是,由此产生的炮制品十分类似传统的玛雅人在舞蹈仪式喝的"kukuh"(一种液体)。

塞恩斯伯里独家销售的前半年,"玛雅黄金"巧克力是由来自位于伯利兹的合作生产商处的可可制成。1994 年,最初的 100 毫克玛雅黄金巧克力是英国首个被授予公平贸易标志的产品。凭借于此,他们又一次做到了既推广了他们的产品,又宣传了他们的有机理念。不到一年的时间,玛雅黄金巧克力便将其最初的理念传向全国乃至全世界。

> 1994 年,最初的 100 毫克玛雅黄金巧克力是英国首个被授予公平贸易标志的产品。

这一成功鼓舞了他们。在提供纯正口味的激情的推动下,他们迅速发展。到 20 世纪 90 年代末,他们开发了更多格林—布莱克的系列产品——牛奶巧克力、榛子和葡萄干巧克力、薄荷和牛奶巧克力。他们摸索到了销售的旺季(干燥的天气)和淡季(雪天和热浪滚滚的夏日),所以当他们谨慎考虑延伸产品线时,决定扩展到被他们认为是适合自己的冰淇淋领域。

从开始到现在,他们已经赢得了多个奖项,其中包括世界知名有机食品奖(1993 年度、1995 年度和 1996 年度)和 2008 年最受欢迎爽心美食的好管家奖。他们还是 1992 年道德消费者协会(Ethical Consumer Association)颁布的道德产品奖首批获奖者。

格林—布莱克的牛奶巧克力是于20世纪90年代末期推出的

投资注入

1996年，创建新考文特花园汤（New Covent Garden Soup）品牌的企业家威廉·肯德尔（William Kendall），与包括商业伙伴尼克·贝阿特（Nick Beart）在内的11位支持者，收购了格林—布莱克80%的股份。当时，虽然格林—布莱克销售额超过200万英镑（300万美元），但是却处于亏损状态。投资者坚持创始人保留不到30%的股份，这样根据英国《公司法》他们行使权利时将没有任何困难。萨姆斯和费尔利以400万英镑（600万美元）的价格出售了他们所拥有的80%的股份，保留了20%的股份。虽然所有权变更对于创始人方面来讲难以接受（克雷格和约瑟芬形容为"卖方的懊悔"），但他们也认为这样做对企业来说是有益的：我们觉得我们的宝宝现在在有能力的人手中，有资金和人才推动它前进。有肯德尔掌舵，公司业务继续强劲增长，至2005年2月营业额达到2 240万英镑（4 000万美元）。

肯德尔想把公司从一个定位于为那些有道德意识的人提供产品的利基市场公司转化成一个以营利为目的的更加全球化的公司。虽然他认同格林—布莱克的价值观，但他认为亏损经营就会否定企业存在的意义：帮助玛雅农民。

克雷格出任总裁，引进新公关公司，担任CEO的肯德尔掌管营销业务。然而，由于约瑟芬的主要角色的转变，她感觉到这一过渡对她来说很困难。

最后，克雷格建议她要么进入董事会，要么进入管理层，但两者不能兼得，从那以后她便不再担忧了。

巧克力豆主要来源于伯利兹和多米尼加

尽管顶着"道德业务"的流行标签，肯德尔采取的却是"不讲情面"的方法，他认为，确保企业长远未来的是质量，而不是良心。在2004年接受《金融时报》采访时，他解释说："你必须围绕一个真正好的产品来开展业务，而不能围绕道德开展业务，因为会有别人出现而且比你更道德。"

格林—布莱克目前境况如何？

2005年与吉百利签订协议后，肯德尔面临两项指控：出售公司股份和危及在伯利兹丛林收获可可豆的居民的生计。但他说他这么做是为了股东的利益，他的工作就是确保股东有良好的投资回报。有全球重量级的吉百利·史威士帝国的背后支持，格林—布莱克可以利用其资金优势在美国市场上一展拳脚；在英国的一些市场上，它的销售额已经超过了一些奢侈巧克力品牌，如林特(Lindt)。

吉百利坚持说，它们仍然致力于道德业务。考虑到这对于企业利润及其全球形象所带来的效应，有谁不愿意这样做呢？有趣的是，吉百利的创始人是虔诚的贵格会教徒，他们是社会平等的积极倡导者；也许这是一个很好的契合点。

但是，创始人对吉百利的收购有什么想法呢？约瑟芬说："即便在最开始你问我想把公司卖给谁，我也一定会说吉百利……我们很幸运找到这么大的买主，因为通常所有的风险资本家或投资者所感兴趣的都是回报的最大化，而不是伴随着由额外收益所产生的良好感觉而来的销路的扩展。"

克雷格和约瑟芬现在在黑斯廷斯(Hastings)经营他们新的有机企业——裁判员面包店(Judges Bakery)。除了提供格林—布莱克的全系列产品外，面包店也赢得了最佳天然产品奖和最佳新店的大奖。克雷格最近退休不再担任土壤协会的主席，他现在是格林—布莱克的总裁。吉百利已给了他们绝无仅有的机会将其品牌发展到一个全新的水平。人们正翘首以待他们下一步将推出什么样的混合物巧克力。

肯　德　基

——成功的秘诀

创 始 人：哈兰·桑德斯(Harland Sanders)

创始人开始创业的年龄：56 岁

背　　景：农场帮手、铁路技工、治安官员、保险推销员

创立年份：1952 年

公司类型：快餐炸鸡店及外卖

目前涉足经营的国家：超过 100 个国家

营业额：5.203 亿美元(2.6 亿英镑)(2007 年)

20世纪 30 年代，桑德斯在美国开了一个专门卖炸鸡的路边小餐馆，当时的他绝没有料到他将缔造一个传奇。曾经坐落于肯塔基州路易斯维尔市(Louisville，Kentucky)的小店，今天已经发展成为了肯德基(Kentucky Fried Chicken，最近更名为 KFC)——一个在 100 多个国家拥有 14 800 个自营店和特许加盟店的餐饮企业。肯德基业务不断扩大，从一个名不见经传的小餐馆成为一个全球顶级品牌。现在，它

的炸鸡和广告语“美味到吃完还要舔舔手指”，与人们熟悉的创始人桑德斯上校白胡子的形象一样闻名。

家乡是业务发源地

1890 年，哈兰出生于印第安纳州(Indiana)，他从小就喜欢吃炸鸡。他很喜欢烹饪他母亲曾教他做的食物，包括煎鸡、乡村火腿、新鲜蔬菜和自制饼干。

但是，过了一段时间他才用上这些家传本事。哈兰在 12 岁时离开学校，通过尝试各种工作证明了他的企业家资质，包括做农场帮手，建设铁路，推销保险，甚至担任治安官员。他还从创办两家公司的过程中获得了经验——一个是往返于杰斐逊维尔(Jeffersonville)和路易斯维尔之间俄亥俄河(Ohio River)上的轮船轮渡公司，另一个是经营制造业务的公司。

然而他的最爱却是烹饪——做他认为最棒的佳肴。1930 年，尽管美国处在大萧条时期，哈兰还是在肯塔基州科尔宾(Corbin)收购了一个加油站，在加油站前开了他的第一间餐厅。餐厅中等装修，有一张桌子和六把椅子。这一想法源自与顾客的交谈。顾客在停车加油之后会问哈兰他们能否在附近买些食物，哈兰便发现了这是一个给顾客提供食品的机会。他将这个地方起名为桑德斯庭院和咖啡馆。他的创业才能也因此得到了很好的发挥：他灵活地转换于几个角色之间，包括加油站经营者、大厨和出纳。

顾客在停车加油之后会问哈兰他们能否在附近买些食物，哈兰便发现了这是一个给顾客提供食品的机会。

哈兰厨艺好的名声很快传开，以致在 1936 年，为了表彰哈兰对肯塔基州餐饮业做出的贡献，肯塔基州州长鲁比·拉丰(Ruby Laffoon)授予他肯塔基名誉上校。很快消费者对他的炸鸡趋之若鹜，这鼓励了哈兰在街对面购置新店以扩张生意。新大楼包括一个设有 1 142 个座位的餐厅以及一个汽车旅馆和一个加油站。哈兰报名参加了康奈尔大学(Cornell University)—

个为期八周的餐饮和酒店管理课程，以深入学习业务，并雄心勃勃地计划通过新开两个餐厅开始连锁经营。但是两个餐厅在开张不久后都关闭了，于是哈兰开始集中精力改进现有业务。

生活的趣品

也许有人会说哈兰是大器晚成——直到1940年，当他50岁的时候，才创造了使今天的肯德基闻名于世的食谱。不过，正如他在自传《我所了解的生活正如吃完肯德基还要舔舔手指那样美妙》(*Life as I have Known it has been finger lickin'good*)中所说的，“时间、劳动和金钱都不能阻止我向人们提供最美味的食物，那就是我”。

炸鸡和其他东西一样，也许并不是一个新生物，但是通过其开创性地混合各种植物和佐料制成秘方，哈兰证明了并非所有成功的想法都必须是新颖的。炸鸡成为了国民最喜爱的食品之一。他声称他所使用的11种植物和佐料“在每家每户的厨房里都能找到”，以保证这种炸鸡有自家烹饪的感觉。他曾说：“那段时间，我在科尔宾市家里后面门廊的一块专门清洗过的水泥地上像搅水泥一样用手混合这些佐料。”

他声称他所使用的11种植物和佐料“在每家每户的厨房里都能找到”，以保证这种炸鸡有自家烹饪的感觉。

由于对炸鸡的植物和佐料配比不理想感到不满意，哈兰决定在炸鸡的烹饪方法上尝试改进。在追求理想的炸鸡的过程中，他大胆地使用了高压锅，而高压锅在当时还是一项新的发明。他研制了利用高压锅炸鸡的方法，相比传统的使用铁制平底煎锅的油炸方法，这种制作工艺整整缩短了1/3以上的烹饪时间。同样，这是针对顾客的需求所做的改进——他们没有太多时间等待食物。那时的一个事件可以证明他成功了：1939年，美食评论家邓肯·海因斯(Duncan Hines)在美国最佳街边餐厅指南《美食大冒险》中认可了汽车旅馆和餐厅的品质。荣登美食榜使这家餐厅声名鹊起。

时间的考验

然而在随后几年，一系列哈兰无法控制的事情迫使他彻底改变了原来的业务计划。1939年，一场大火烧毁了最初的建筑物，但哈兰重建了它并再次开放了餐厅。然而，第二次世界大战的到来提出了一个更大的挑战，对汽油的限量供应迫使哈兰关闭了汽车旅馆。战争结束后，他又无所畏惧地重开了餐厅。因为他的餐厅和汽车旅馆正处在南北公路线上最受司机们欢迎的一站，所以其业务兴旺发展了许多年。

哈兰甚至还成为特许经营模式的先驱。他不断往来于一个城镇与另一个城镇之间，给其他餐馆老板和雇员烹饪一批批的炸鸡。销售额增长虽然缓慢，但他顽强的毅力最终获得了回报。1952年，当哈兰给盐湖城(Salt Lake City)的皮特·哈曼(Pete Harman)肯德基第一份特许经营权时，他完成了他的第一次特许经营。这次特许经营协议以老式的方式握手执行，协议规定了每出售一只炸鸡，特许加盟商支付给哈兰5美分(相当于今天的约0.40美元或0.21英镑)。

哈兰甚至还成为特许经营模式的先驱。他不断往来于一个城镇与另一个城镇之间，给其他餐馆老板和雇员烹饪一批批的炸鸡。

但是并非有进展就一定会有圆满的结局。在上世纪50年代末，交通发展计划在许多方面都证明对哈兰来说是个巨大而难以克服的障碍，他为此付出了代价。一条州际公路的完工给旅客提供了另一条通达南北的线路，而且这条线路完全绕过了哈兰的餐厅。随着顾客数量的减少，哈兰餐厅的地理位置价值骤然下降，他被迫出售了餐厅，然后到其他地方碰运气。出售完成当天，他正式“退休”，并领取了他的第一个105美元的社会保障支票。此次成交价是7.5万美元(相当于今天的5.8万美元或3.1万英镑)，仅相当于前一年要价的一半。

偿还清债务后，哈兰几乎身无分文，但他终究是一个企业家——即便他已经60多岁，仍对他的炸鸡产品充满信心。哈兰调整了他的业务计划。如果顾客无法到他的餐厅品尝他的食品，他会把他的想法和建议说给他们听。正是这一点为肯德基计划特许经营积攒了动力。

成功之路

随着盐湖城第一份特许经营的顺利进行，哈兰继续前往各餐馆出售其配方，但他还要集中精力在主要业务上。他在自传中回忆说："很多夜晚我都会在我的车后座上睡觉，因为只有这样，我才能在有人要求加盟特许经营的第二天有足够的钱购买炊具。"

正如哈兰所说的那样，他的妻子也是个全职的帮手。她担任"我的装箱姑娘、仓库主管、送货员——只要你能想到的，她都做了。我们的车库就是仓库。她会在用玻璃纸衬里做的小纸袋上填写一天的订单然后将货打包待运。然后，她还得把它们装上半夜出发的火车"。

哈兰设计出了他可以卖给餐馆的一整套东西：秘方(其中包括香料)、高压锅、外卖纸箱和广告材料。他还说服现有的餐厅老板将肯德基食品添加到他们的菜单中。

他的努力没有白费，肯德基的概念基本成形，并很快在快餐界引起轰动。到1963年为止，肯德基在美国和加拿大已经拥有600多个店面。哈兰参观了美国的每个餐厅，进行他所谓的"上校视察"，以确保顾客满意。这标志着肯德基的业务在多个方面的转折点。

业务扩大并不是哈兰的唯一增长战略，他还不断寻求业务创新。1957年，受到了女儿玛格丽特的一个想法的启发，第一个提供外卖的餐厅在佛罗里达(Florida)的杰克逊维尔(Jacksonville)建成了。也是在1957年，他们开始把炸鸡装在被称之为"桶"的容器里出售，同时推出"美味到吃完还要舔舔手指"的口号。到1960年，哈兰把美味的食物带给大众的愿望第一次真正得到了回报，此时已有190个特许加盟商在美国和加拿大运营着400个肯德基特许经营餐厅。

走向全球

三年后，在1963年，肯德基业务蓬勃发展，已经有了17名雇员。但这对哈兰来说，已庞大到他无法管理。仅在过去的一年中，他就行走了20万英里去争取新业务，并给现有的特许加盟商提供服务。但他毕竟不再年轻了。由约翰·布朗(John Brown)、杰克·马西(Jack Massey)和皮特·哈曼(他也是12年前第一个购买到特许经营权的人)领导的投资集团给出了一份吸引人的报价让哈兰难以拒绝。哈兰同意以200万美元(相当于今天的1 400万美元或750万英镑)出售肯德基——这些钱在当时也算一笔巨款——而条件是他本人作为公司的大使仍然是公司一员。他负责质量管理，而他的白胡子老爷爷形象亦被作为公司的商标使用。根据协议条款，投资集团购买了全美和国际特许经营权，但不包括英国、佛罗里达州、犹他州和蒙大拿州。哈兰还保留了肯德基在加拿大的特许经营权。

肯德基的新主人开始投资并将公司下一个目标设定为在北美和全球大规模拓展业务。很快，肯德基店面遍及美国50个州，更在波多黎各、墨西哥、日本、牙买加和巴哈马开拓了市场。1964年，第一个欧洲的肯德基餐厅选址在英国的普雷斯顿(Preston)。在20世纪60年代中期，肯德基凭借1 500个外卖窗口和餐厅，其营业额在所有餐饮服务公司中排名第六。特许经营仍然是其业务扩张计划的核心方案。目前公司正在建造著名的红白色条纹建筑物，以吸引游客和居民，使大众更熟悉肯德基品牌。

特许经营仍然是其业务扩张计划的核心方案。目前公司正在建造著名的红白色条纹建筑物，以吸引游客和居民，使大众更熟悉肯德基品牌。

1966年，肯德基广告公司成立。在决定广告预算和广告活动时，特许加盟商拥有10票的权利，公司3票。同时，特许加盟商在公司设备削减和供应销售方面都得到了优惠，全国加盟咨询处也成立起来。

在业务迅速扩张的鼓舞下，1969 年，公司在纽约证券交易所上市，哈兰购买了第一个 100 股。

此时，肯德基的新主人开始想办法将业务流水化。旨在降低管理费用，尤其是劳动力成本的计划开始实施，这项计划将哈兰早期关于餐馆的观念做了改变——把坐下来吃东西改为快餐式的、站着吃东西，重点强调快速服务。公司业务以惊人的速度增长，一些特许加盟商已经成为百万富翁。但肯德基发现这种增长是要付出代价的。由于特许加盟商获利太快，因此它们没有兴趣与肯德基长期合作，而是转向新项目。这意味着成功的特许加盟商只打算加盟一两年，从而导致了长期加盟且经验丰富的加盟商的缺乏。

与此同时，关于其他特许经营项目会计实践的负面报道出现在媒体上，尽管并不涉及肯德基，但公司的股价却受到了冲击，从一年以前 55.50 美元的高点下降到 10 美元。这对肯德基来说是一段令人担忧的时期，包括杰克·马西在内的几个重要领导者在一系列的分歧后从公司辞职。一个新的有着食品和金融背景的管理团队很快被任命以恢复其金融财富。这标志着哈兰参与公司发展的路走到了尽头，于是他从董事会辞职。在他 80 岁高龄时，他愈发感觉自己已经达到了个人的极限。在接受《纽约时报》采访时，他说："我意识到已经没有属于我的位置了……这个大企业所做的一切都让我搞不懂，他们在会议上的谈话和复杂的金融话题令我感到困惑。"

易主

在 1971 年，当销售额停滞在 7 亿美元(2.8 亿英镑)时，作为肯德基复兴计划的一部分，它与食品和酒饮料类公司休伯莱恩公司(Heublein Inc)合并，在这次合并后，约翰·布朗离开了肯德基。这一步看起来似乎是明智之举，因为休伯莱恩公司在市场营销方面是高手，而市场营销这一块是肯德基业务急需加强的地方。推出例如烤排骨这类的新产品系列在当时对肯德基来讲是很司空见惯的。尽管新产品大受欢迎，但是实际上，它们掩盖了一个事实，那就是炸鸡的销售额在下降。过了一段时间后，这种利益开始消退，公司业务再次走上下坡路。

到70年代初期，肯德基与美国现有特许加盟商的关系也处于历史最低点。其实，问题早在布朗和马西刚购入肯德基时已经开始萌芽。那就是此时，每个特许加盟商卖出的产品比公司自营店卖出的产品还要多，而且对于向肯德基这样一个无能的品牌所有者支付特许权使用费（这属于特许权协议的一部分）感到很不满。

特许加盟商认为休伯莱恩公司过于重视他们自己的喜好。一场有关合同的争议随之而来。尽管在合同问题上有许多分歧，双方之间的沟通也破裂过一次，但管理团队依然决心依靠过去已经建立起来的良好关系。

结果，肯德基在公众眼中的品牌形象遭到了损害。然后他们真正开始了转型计划，无论在业务实体上还是其核心产品炸鸡上。他们努力恢复使用哈兰最初的烹饪方法，并减少了菜品种类以降低成本。不幸的是，哈兰在1980年死于白血病，无法看到这些变革所产生的效果。

新的起点

回归本原帮助肯德基聚积了财富，并在其广告活动"我们就是做炸鸡的"中达到了顶峰。这一广告被证明非常成功，并且一做就是七年。1982年，母公司休伯莱恩被RJ雷诺工业（RJ Reynolds Industries）公司收购，雷诺工业不仅提供了一笔重要的资金注入，更为肯德基提供了进行进一步国际扩张的平台和一个新的起点。那一年的销售额达到2.4亿美元，令人印象深刻。这主要归功于一个事实，即企业拒绝模仿竞争对手忙乱推出新产品，而是将精力集中在完善其现有产品上。

> "我们就是做炸鸡的"这一广告被证明非常成功，并且一做就是七年。

食品和饮料巨头百事公司（PepsiCo）发觉了肯德基的这一转变。1986年，热衷于为其饮料争取大份额市场的百事公司以8.4亿美元（5.04亿英镑）的价格收购了肯德基，这是由于肯德基在全球收益的增加使其印象深刻。这似乎也合情合理，因为百事公司已经拥有了塔可钟（Taco Bell）和必胜客(Pizza Hut)这两个快餐连锁品牌。

肯德基的新主人想继续发展业务,因此开办了桑德斯上校技术中心,以促进产品开发。他们尝试了烤箱烤鸡的理念和递送到家模式,还提出进一步把目光投向全球进行扩张。1987 年,肯德基在中国开办了一家门店——这是在中国出现的第一家美国快餐连锁店。

在外国,业务似乎已回到正轨,但在美国,肯德基与特许加盟商的关系仍然处于紧张状态。虽然美国的加盟商对肯德基在炸鸡方面的专长和进入国际市场的能力印象深刻,然而它们认为与 20 年前相比,它们没有足够的发言权。竞争对手也在研发新的产品线,肯德基艰难地创新它的炸鸡观念,而只有辣翅和三明治式炸鸡是新产品。

然而,在全世界范围内,情况就不同了。肯德基在国际市场持续发展,不管是在财务上,还是特许经营关系方面。1992 年,其在全球的税前利润达 9 200 万美元(4 600 万英镑),而在美国的这一数值是 8 600 万美元(4 300 万英镑)。亚洲的销售额和澳洲的业务运营表现尤为抢眼,公司也努力抓住这一机会,计划在美国本土以外每天开一个店面。在全球业务运营中引进的创新方法常常被当做进入新市场的模式。

肯德基目前境况如何?

人们越来越担心油炸食品危害健康。1991 年,企业(英文名称)更名为 KFC。2002 年,百事公司将肯德基和它所拥有的其他快餐食品业务出售给百胜餐饮国际(Yum Restaurants International)。肯德基在今天继续蓬勃发展,并根据顾客变化的需求调整其产品线——在过去三年中,公司除去了其产品中所有反式脂肪,肯德基烤鸡也刚刚在北美上市。

桑德斯上校离去可能只有 40 年,但他在产品质量上的标准和信念却一直留传下来。即使今天,他的秘方还一直锁在肯塔基州路易斯维尔的一个地下室里,并由保卫严密看守。只有极少数人知道秘方内容,而且他们发誓保密。同时在世界各地,每天都有成百万的人享用着桑德斯上校的产品。

必 胜 客

——“一块”历史

创 始 人：丹·卡尼(Dan Carney)和弗兰克·卡尼(Frank Carney)

创始人开始创业的年龄：27 岁和 20 岁

背　　景：大学生(在杂货店工作过)

创立年份：1958 年

公司类型：比萨饼餐厅及外卖

目前涉足经营的国家：100 个国家

销售额和净利润：不详

订过外卖比萨饼或在餐厅吃过比萨饼的人，也许会知道必胜客(Pizza Hut)。必胜客于 50 年前成立于美国，目前是全球最大的比萨公司，在美国有 6 200 多家分店，在全球 100 多个国家拥有 4 000 多家分店。

餐厅分两种类型：家庭式餐厅和快餐式宅急送。公司因比萨的独特酥皮而受到顾客欢迎。虽然必胜客现在已经是家喻户晓，但起初建公司的想法并不带有传奇色彩，只是因为纽约报纸上的一篇关于比萨的文章。

不起眼的开端

20世纪50年代，丹·卡尼和弗兰克·卡尼(Dan and Frank Carney)兄弟俩在美国堪萨斯州威奇托(Wichita, Kansas, USA)的一所大学就读。他们的朋友在《纽约邮报》上看到一篇文章，说比萨在美国东部非常受欢迎，所以建议他们兄弟俩也能开一家比萨店。当时，比萨并不是很常见，在堪萨斯州甚至没人听说过。激情洋溢的兄弟俩虽然不知道怎么做比萨，但还是决定试一试。

他们的父亲给他们提了一些建议，这让兄弟俩备受鼓舞。父亲跟丹说："如果你可以选择，那就建立自己的公司，你会因了解自己的成功与失败而感到满足。而且，这是你自己的事业，不会有人强加于你什么——那些人是不会给你成功的机会的。"丹在一个家庭经营的食杂店环境里长大，如果不是这次机遇出现在自己面前，他也没想过自己能建立公司。

带着这个想法，他们从母亲那里借了600美元。由于兄弟俩并不知道怎么做比萨，所以他们下一步的打算就是要去找合伙人，他们找到了曾经在印第安纳州的比萨店里做过服务生的约翰·本德(John Bender)，约翰提出一套产品配方后，兄弟俩又对其做了稍稍的修改。他们的资金一部分投入到材料上，另一部分用在租用场房和购买二手设备上。

为公司起名的过程很简单，店面招牌只能容下八个字母，名字里还必须有Pizza，这就占用了五个字母的空间，所以兄弟俩还需想一个只有三个字母的词。丹的妻子说这个店很像一个小屋，一个非常形象化的名字Pizza Hut(比萨小屋)就这样诞生了。

> 丹的妻子说这个店很像一个小屋，一个非常形象化的名字就这样诞生了。

一家现代的必胜客餐厅

比萨的轰动效应

第一家餐厅成立于1958年,能容纳25人,提供啤酒和比萨。为了引起顾客对比萨的兴趣,开业第一天所有比萨免费提供。餐厅生意很红火,很多顾客订了10英寸和14英寸的比萨外卖。餐厅让顾客在购买前品尝产品,事实证明这是个明智之举,它引起了当地人的兴趣。很多去必胜客的人都是第一次品尝比萨,他们排着长长的队品尝着上面有新鲜配料和香料的类似烤饼一样的东西。

兄弟俩并没有想到产品会这么受欢迎,也没有想过扩大餐厅规模。餐厅建立最初的目的只是赚取一点收入支付弗兰克和丹的学费,但让人没想到的是餐厅的月销售额竟达1 500美元,而占餐厅支出费用最多的房租一个月才150美元,所以餐厅的月利润很高。基于这个配方和越来越多的当地人对比萨的喜爱,公司的知名度越来越高,因此两个月后,兄弟俩开了第二个店面提供外卖服务。

> 让顾客在购买前品尝产品是明智之举,……很多去必胜客的人都是第一次品尝比萨。

兄弟俩的比萨餐厅不仅受到顾客的欢迎,也让其他餐厅经理看到了比萨的商业潜力，并且产生了浓厚的兴趣，纷纷想加盟公司也开一家类似的餐厅。这促使兄弟俩在20世纪60年代开展了特许经营模式，将业务向堪萨斯州以外进行扩展，以便迎合越来越多的人对餐厅的兴趣。但是威奇托的各个银行并不给予支持，它们怀疑特许经营模式是否能赢利，但兄弟俩依靠自己的勇气和创业精神，使用自己的资金通过特许经营扩大了业务。一年半后，兄弟俩已有了五家店面，其中四家店面为公司所有。另外的一家是公司的第一个特许加盟店，由迪克·赫萨在堪萨斯州的托皮卡开办，兄弟俩为其提供了部分资金。

日益增多的烦恼

第一家特许加盟店的开张标志着雄心勃勃的发展计划的开始。最初加入特许经营联盟的人，大部分是曾经帮助过卡尼兄弟的大学朋友。此时的兄弟俩并没有认真考虑公司的长远发展计划，仍然把特许经营模式看做短期的发展策略，以此来赚取日后的大学学费(休学了四年多，于2000年获得学位)。在后来的一次采访中，弗兰克说："我们不仅在努力发展国际餐厅连锁店，同时也在帮助我们的朋友。"就这样，特许经营在日后的三四年里不断地发展着。

弗兰克还提到，这样的特许经营或许并不是企业成长的最佳方式，因为它缺乏品牌的一致性，许多店面的选择并不是基于品牌的可持续发展而是基于店面的低成本。但是伴随着企业的顺利发展，兄弟俩开店也不再只是为了赚钱支付学费了。

特许经营

企业发展蒸蒸日上，兄弟俩与一些特许加盟商签订了合同，许多新的店面不断开张。特许经营模式的最大优点在于特许权拥有人(必胜客公司总店)不用为每一个加盟商提供资金(每个加盟商自筹资金经营)，这既能保证公司的发展同时也可以减少额外的资金支出。必胜客通过为每个加盟商提供产品配料、设备、培训、品牌名称而取得收益——根据销售额的一个很小的比例支付的特许权使用费。首付是100美元,之后每月支付100美元的特许使用费。

具备创业精神的兄弟俩也在密切地关注着竞争对手。他们觉得正在美国西海岸发展的喜客比萨(Shakey's Pizza)不久会威胁必胜客的发展,所以兄弟俩决定改善必胜客的形象,使其他的连锁店标准化,提供统一标准服务来应对竞争。

兄弟俩还通过在公司内部购买本德的股份加强了他们的控制力。到1966年,除了公司自己所有的六家餐厅外,特许加盟店已经有了145家。通过朋友和商业伙伴所组成的这样一个网络,必胜客蓬勃发展,此时,兄弟俩不得不在威奇托设立总部,以便监督企业更好地发展。目前,所有店面都采用了相似的红色屋顶和室内设计,这使得顾客对品牌的形象更加熟悉。兄弟二人并不满足于只在国内发展,他们看到了更为广阔的市场。两年后,也就是1968年,加拿大的第一家特许加盟店开张,此时特许经营这种模式在北美迅速发展,因为这种模式使人们有机会追求美国梦,也使兄弟二人更简单、更容易地经营自己的事业。在必胜客高速发展的时候,每天都会有一家新的店面开业。

十年过后,必胜客已经拥有310家店面,每周要为上百万的顾客服务。

所有店面都采用了相似的红色屋顶和室内设计,这使得顾客对品牌的形象更加熟悉。

之后,公司设立了国际必胜客特许经营者协会,并获得公司特许经营业务40%的股份,再加上原有的六家公司所有的店面,这使得公司自有店面和加盟商的店面之间达到了一个更好的平衡。必胜客的发展已势不可当。在公司的一个商业伙伴马丁·哈特(Martin Hart)的建议下,丹和弗兰克决定公开上市以便筹集资金进一步发展。

回归本原

加盟商的联合似乎很难,并不像兄弟俩所期望的那么顺利,每个加盟商都有自己的会计系统,要把这些不同的系统整合成一个更大的体制需要将近一年的时间,这对于经营者来说是一件很糟糕的事情。尽管公开发行证券筹集了600万美元,但是因整合会计系统而带来的连锁反应是很明显的,因为兄弟俩的关注点偏离了营销与增长这个重心,这使得餐厅销售额下降,利润减少。无论是从营业额还是餐厅的数量上看,必胜客都居世界第一,但要维持第一却需要付出很大的努力。

必胜客进行了重大的改革,并制订了长期的计划使企业恢复正常,其中还涉及部分特许加盟店的调整。在1972年的一次被采访中,弗兰克说:"我们差点儿失去了对运营的控制,我们意识到我们必须学习如何做计划。"这包括加强团队管理,提高销售额和利润,不断开拓更广阔的市场,发现潜在的商业机遇。这其中还包括产品的多样化:必胜客收购了冷冻比萨制造商Ready Italy 80%的股份,同时还和食品加工商Sunflower建立了合资企业,在薄比萨上加了三明治。

于是,必胜客在全美又掀起了一场开店潮。在堪萨斯州威奇托,必胜客的第1 000家店面开张。此后,公司又收购了三家餐厅(Taco Kid、Next Door和Flaming Steer),并收购了一家餐厅供应公司和一家食品供销公司。公司仍坚持走国际化路线,相继在日本、哥斯达黎加和英国设立了众多分店。1976年,必胜客第100家国外连锁餐厅在澳大利亚开张,此时必胜客已经拥有2 000家店面。随着必胜客商标(红色的屋顶)影响面的扩大和提升,公司不断增加自有店面,这些店面每个可容纳60—120人。通过不断地发行股票,公司筹集了更多的资金用于发展。股票市场的一大优点在于,经营好的公司可以筹集额外的资金从而获得更好的发展。

随着必胜客商标(红色的屋顶)影响面的扩大和提升,公司不断增加自有店面,这些店面每个可容纳60—120人。

发展巅峰

积极的营销和有创意的广告对于产品在国际上的推广和国内知名度的提高非常关键，它们是必胜客受欢迎程度不断提升的重要因素，该战略从20世纪60年代至70年代一直被采用。1965年必胜客的第一个电视广告片"Putt-Putt to Pizza Hut"开始投放。必胜客在全国各个地区开展着各种各样的宣传活动，广告支出在预算中占据了很大比重，从1972年的94.2万美元增加到两年后的300万美元。

广告不仅提升了公司的形象，同时也引起了全球食品饮料公司百事公司的注意，该公司决定收购必胜客。1977年兄弟俩将必胜客卖给了百事公司，百事向必胜客的股东支付了价值3.2亿美元的股票。由于兄弟俩持有必胜客10%的股份，因此，他们得到了3 200万美元，这在当时是个庞大的数目，足以支付任何学费。之后，必胜客成为百事公司的一个部门，其年销售额突破4亿美元。

此时，兄弟俩开始走向不同的道路，弗兰克以董事长的身份又在公司待了三年，但丹决定继续向前发展。在2002年的一次采访中，他说："我认为我是个创业家，喜欢不断地开拓新的事业，一旦企业成熟了，颇具规模了，我就会对它产生厌恶的情绪。这太没意思了，所以卖掉必胜客走人是我最好的选择。"

1980年，弗兰克也离开了必胜客，尽管他的离开意味着兄弟二人不再与必胜客有任何瓜葛，但二人的成果——必胜客依然存在。在弗兰克离开前，他制作了一个最受欢迎的比萨——Personal Pan Pizza，这个比萨比其他口味的更小，可单份包装。他回忆说："可以说比萨就是我生命的一部分，是我的兴趣所在。"比萨与他有剪不断的缘。离开之后，弗兰克收到了很多比萨公司的聘请书，这些公司非常非常希望利用他的专长，但他有意避开比萨，着手在不同的领域进行投资，包括房地产、石油天然气开采和汽车行业。然而，比萨的诱惑太强烈了，最后弗兰克成为必胜客不成熟的竞争对手——棒约翰的特许加盟商，最近几年，他在该公司的股份越来越多，而此时丹作为风险投资家继续奋斗着，寻找新的商业机遇。

必胜客的意大利口味比萨饼:公司始终对其产品不断进行创新

打败竞争对手

很明显,百事公司收购必胜客是抓住了难得的机遇,因为越来越多的人选择在外面就餐。但与此同时,很多的竞争对手以快餐的形式迎合这种趋势,而必胜客必须把其他比萨餐厅,例如 Domino、PizzaExpress 和 Little Caesar 的顾客争取过来。

受母公司的营销背景的鼓舞,必胜客决定开创一系列的品牌产品,从而使自己鹤立鸡群。它对各种产品都开展了促销活动,比如铁盘比萨、手抛传统比萨(1984 年推出)和优惠午餐。与此同时,1984 年,史蒂文·赖纳蒙德(Steven Reinemund)成为公司总裁,并带来了新的管理团队。此后公司增长迅猛,1986 年,第 5 000 家店面开张,必胜客的外送业务也开始运转。几年后的成功证明这些改变是明智之举,20 世纪 90 年代初,外送和外卖业务各占必胜客销售额的 25%。

必胜客决定开创一系列的品牌产品,从而使自己鹤立鸡群。

同时,在餐厅连锁方面,必胜客仍将着力点放在增加其在全球的店面数量及开拓新的市场上,以获得竞争优势。1990 年,莫斯科一家分店开张,并推出了俄罗斯风味比萨——Moskva,上面放了鲔鱼、鲭鱼、鲑鱼和洋葱。必胜客在国外发展业绩突出,不仅在俄罗斯(从销量上看,俄罗斯分店业绩最突出)，还包括在中国香港、法国、芬兰和英国。必胜客成功的关键在于，它能面向不同的市场研发不同的口味。例如，在中国香港和加拿大，人们更喜欢咸牛肉和咸猪肉，而澳大利亚人则更喜欢咖喱比萨。

竞争依旧存在。20 世纪 90 年代初，必胜客面临着严峻的考验，汉堡连锁店麦当劳在几个试销市场推出了竞争产品 McPizza 并开展了外送业务，但事实证明必胜客有能力应对挑战。在竞争中，必胜客的利润甚至提高了 10%，这足以证明必胜客的实力和顾客的忠诚度。必胜客从顾客不断追求健康食品的趋势中受益，因为现代社会，人们逐渐开始远离油炸的快餐而选择比萨，素食主义者也开始选择比萨，因为大部分的汉堡店不提供沙拉。

进军各个领域

在快餐和便捷服务上投资是必胜客的下一个筹码。20 世纪 90 年代，必胜客一直在发展“免下车”餐厅服务，并在许多购物商场开了分店，这些店被称为必胜客快车。企业不断将店面发展到非传统场所，比如体育场、学校食堂，这种策略很有成效，能满足不同人群的需求。

除了发展原有的比萨餐厅外，企业一直在通过其早期慈善营销活动之一的有奖读书计划与顾客建立关系——这是必胜客于 1984 年在 20 万名初中生中推出的一次全国性有奖读书活动。截至 90 年代末，仅在北美就有 1 700 万名学生参加了有奖读书活动，这次活动还得到了美国总统乔治·布什(George Bush)的支持。1994 年，公司成为第一家可以通过互联网订购外卖的全国连锁店(当时只限于加利福尼亚州的几个试验区)。

扩大公司的全球业务仍然是公司的首要任务。由于人们热衷于快餐和外出吃饭，截至 1997 年，必胜客连锁店已经扩展到了全球 90 个国家。另一方面，在资源有限的情况下，继续投资新的分店无疑是在给公司增添负担，同时必胜客还要应对竞争对手的降价策略，争夺已经停滞不前而不是蓬勃发展的市场。去年新开的餐厅销售额下降了几个百分点，导致公司的总销售额下降了 21%。

此时，公司做出了方向的调整，开始走过去擅长的路线——推出创新产品以吸引顾客，比如芝心比萨、纽约辣鸡翅和含有更多馅儿料的全新比萨(Totally New Pizzas)，为了支持新产品还开展了大量的广告宣传活动及林戈·斯塔尔(Ringo Starr)、唐纳德(Donald)、伊万娜·特朗普(Ivnan Trump)和穆罕默德·阿里(Muhammad Ali)等参加的名人宣传活动。这样的改变效果显著，必胜客的市场份额不断增加，1995年销售额增加了16%。

百事公司决定将公司的三个品牌(必胜客、塔可钟、肯德基)的客户支持部合并，1997年成立了一个独立的餐饮集团——泰康全球餐饮集团(Tricon Global Restaurants)。2002年，该集团加入到餐饮品牌 Long John Silvers 及 A & W 中，成为百胜餐饮集团的一部分。

必胜客目前境况如何？

在过去的几年里，必胜客一直在尝试推出新产品，推广品牌，提高销售额。2005年，必胜客在意大利的50家店推出了高档经营理念，在原有产品的基础上，增加了意大利面。2007年，餐厅又推出了 Pizza Mia，主要针对看重消费成本的消费者。

到2008年，必胜客已经成立了50周年。50年来，企业业绩节节攀升，尤其是在意大利面市场，取得了不错的业绩。事实证明，企业在意大利面上的投资是成功的。四月份，公司推出了最新的产品——Tuscani Pastas，这是公司有史以来最成功的产品之一。公司也正试图通过等离子电视和当地体育纪念品改变品牌形象。尽管卡尼兄弟已经离开了必胜客，但他们无时无刻不在关注着他们最初的创业成果。

戴　森

——除尘设计

创 始 人：詹姆斯·戴森(James Dyson)

创始人开始创业的年龄：45 岁

背　　景：工程师

创立年份：1992 年

公司类型：技术制造

目前涉足经营的国家：45 个国家

营业额及税前利润：5.147 亿英镑(9.80 亿美元)和 1.15 亿英镑(2.2 亿美元)

詹姆斯·戴森形容自己首先是个发明家，其次才是个企业家，这使得我们进一步了解了在这一品牌背后的那个男人的工作动力。公司的产品遍布于世界 45 个国家，戴森已经成为创新设计、产品高品质且便于使用的典范。他的卓越且鼓舞人心的成功故事可以分为两个主要阶段：为取得在国内的成功所进行的长期努力及为促进戴森在国际上的成功所制定的谨慎决策。企业家是风险的承担者,但许多企业家对于詹姆斯的做法仍会望而却步:他提出要通过产品创新而不是价格在国内家电市场中向那些大型的现有制造商提出挑战。谈到这儿,我们就不得不提及戴森在营销方面的有效性、在生产与分销策略方面的卓越性,甚至还要提及胡佛(Hoover)、伊莱克斯(Electrolux)和博世(Bosch)等同行的现有产品的雷同和滞销等问题。

实际上,所有这些归根结底都要归功于詹姆斯所谓的要让顾客对其产品表现出惊奇或赞叹的"哇"的一声。早期他就坚信,只要人们使用了他具有革命性创新意义的新型吸尘器,良好的口碑就会对其公司的进一步发展发挥至关重要的作用。很明显,他是对的,但这需要很长一段时间。首先,无论是对自己还是对其企业,他都需要拥有十足的信心。但是如果说戴森公司的创建需要极大的热情,那么除此之外,要推动企业的成长,并使其成为一个国际品牌,则还需要商业的理性和头脑才行。

早期灵感

詹姆斯·戴森于 1947 年出生于英格兰诺福克(Norfolk),就读于皇家艺术学院时,就梦想着成为现代的布鲁内尔(Brunel,19 世纪初著名的英国工程师),革新产品设计的方式。1969 年,他的毕业作品就是为英国发明家兼企业家杰里米·弗赖伊(Jeremy Fry)设计的"水上卡车"(the Sea Truck)。

詹姆斯毕业后直接在杰里米的公司罗托克(Rotork)工作,仅三年后就晋升为经理。在这个职位上,詹姆斯发现尚未完成商业设计的水上卡车很难售出,他也意识到在投入生产前完善设计是何等重要。水上卡车被销售到世界 50 多个国家,实现销售额 2.63 亿英镑(5 亿美元)。但詹姆斯于 1974 年离开了公司,开始了自己的发明,其中包括获奖的球型手推车——与独轮手推车不同,球型手推车采用气动球取代了普通车轮。

詹姆斯需要很多资本为自己所创立的首家企业提供资金,他成功地说服了两位富翁对他提供支持(其中之一是他的姐夫),柯克·戴森公司就这样成立了。1974 年 3 月，公司已经有了样品，但他们的生产商要提高价格，结果詹姆斯决定再借款 4.5 万英镑（10.4 万美元）——相当于今天的 33.6 万英镑，从美国购买设备自己生产。《星期日泰晤士报》的记者注意到了詹姆斯的发明并进行了宣传，很快球型手推车年销售量达到 4.5 万台，实现营业额 60 万英镑（140 万美元）。公司试图将产品出口到美国，但由于美国一家公司雇用了詹姆斯的一个员工，生产了类似的产品，詹姆斯因此被卷入了昂贵的诉讼当中。

詹姆斯手持现在举世闻名的 DC01 机器

在这期间，詹姆斯注意到在球型手推车生产车间，工业吸尘器总是在生产过程中因为灰尘而堵塞。他发现，进行大规模的工业清洁，他需要花费 7.5 万英镑（17.3 万美元）安装旋风分离器。为了避免庞大的开支，他设计建立了一个 30 英尺高的旋风塔，这个旋风塔所产生的离心力比重力的大 10 万倍，可以有效清除粉末微粒。考虑到同样的过程是否也可以应用于小型机器，詹姆斯萌生了生产不会堵塞的柯克·戴森真空吸尘器的想法，但结果并不乐观。不久詹姆斯就因财务问题而被其他股东赶出了公司。然而，球形手推车的专利权是归属于公司而不是发明者个人，所以詹姆斯离开公司时两手空空，并没有将自己的设计带走——以后，他再也没有犯过同样的错误。

詹姆斯并没有因此而受挫，以后的五年里他几乎无法维持生计，却生产了5 127台（这个数字让人难以置信）样机，直到世界上第一台无袋吸尘器问世。这个开创性的设计采用了两个旋风分离器将灰尘与空气隔离以避免阻塞机器。尽管五年前他在老朋友杰里米·弗赖伊的支持下，已经建立了空气力量真空吸尘器公司（Air Power Vacuum Cleaner Company），但由于样机的研制时间过长、花费较高，导致公司已经债台高筑，不能自行生产产品。将公司改名为样机有限公司（Prototypes Ltd）后，詹姆斯和杰里米改变了策略，他们通过许可协议允许其他公司生产詹姆斯的新发明，而不是自行生产。

这个开创性的设计采用了两个旋风分离器将灰尘与空气隔离以避免阻塞机器。

挫败感的产生

随后的几年挫折接踵而至：国内潜在生产商所可能提供的回报微不足道，与美国Black &Decker、Comair 、安利（Amway）等公司进行的交易一次次流产，很多企业不愿意投资于新技术，等等。事实上，在1984年4月戴森已经与安利签订了合同，但随后几个月，安利取消了这份合同，它指控样机有限公司因产品没到位而具有欺诈行为。一场持续了八个月之久的官司使得詹姆斯丧失了其他许可协议的机会，直到1985年上半年，情况才开始好转。由于诉讼成本问题，詹姆斯必须速战速决，并不得不将安利所支付的费用全部归还。

此时，沉重的债务意味着想要自己出资进行产品生产完全是不可能的，唯一的希望就是通过将技术许可给某一个国家，获得收入之后，再自行生产。他命运的转机出现在一个最不可能的国度——日本，一个高科技之国。一个日本本土制造商给出了一个合理的价格，詹姆斯就将技术卖给了他们，并最终开始真空吸尘器的生产。该产品被称为“G力量”（G Force），它荣获了1991年日本国际设计博览会奖。它的性能给日本人留下了深刻的印象，并成为一种身份和地位的象征，其每台售价高达 1 200 英镑(2 000 美元)。

这正是戴森所需要的发展平台。虽然又一次和安利打了一场昂贵的官司——安利也开始使用旋风分离器设计吸尘器，投资者也兴致索然，但詹姆斯还是决定利用从日本赚取的收入在英国以自己的名义生产新的款式。他研发了一款被称做 DC01 的吸尘器，它对于微尘、尘土、致敏物、霉菌等都有更好的吸附能力，并且 DC01 是第一款能持续吸附的吸尘器。它的双气旋系统是自 1901 年真空吸尘器发明以来技术上的首次突破。设备的外部气旋能够去除大量的灰尘和污物颗粒，而内部气旋则会加速空气流动进一步去掉微小颗粒。詹姆斯打算生产一款人们能够消费得起的更优质的产品的梦想，与以往相比又向前迈进了一步。但要生产还需要更多的资金，所以詹姆斯将其全部的技术所有权卖给了日本制造商，从中获得了 90 万英镑(150 万美元)的收入，并建立了戴森有限公司(Dyson Ltd)。

> 它的双气旋系统是自 1901 年真空吸尘器发明以来技术上的首次突破……詹姆斯打算生产一款人们能够消费得起的更优质产品的梦想，与以往相比又向前迈进了一步。

1992 年 7 月，公司与英国最大的邮购集团大世界百货公司(Great Universal)签订了第一笔销售订单。詹姆斯回忆说，经过了六个小时的谈判之后，最后他不得不向自己的大买家承认，他觉得对方的邮购清单过于单调，应该注入一些新的技术，诸如戴森 DC01 吸尘器。这种大胆而又坦率的方式最终促成了协议，买方订购了 1 000 台机器。很快，公司与更多的买家也签订了订单，包括 Littlewoods(英国零售商)。起初，公司的策略是避开竞争者的注意，订购对象针对非繁华区的零售商，但是当约翰·路易斯(John Lewis)订购了 250 台 DC01 吸尘器后，该策略便失效了。

1992 年 11 月，工具和大型模具被送往威尔士，在那里飞利浦斯塑料公司(Philips Plastics)将会生产詹姆斯的产品。第一批 DC01 在 1993 年 1 月完成。四月，公司与电器产品零售商 Rumbelows 签了份大订单，使得公司进展更加顺利，前景很好。但是飞利浦斯塑料公司突然提价，戴森被迫逐渐将生产转移到其他地方。然而，又一场官司使得戴森被迫停产一个月，这一个月的时间至关重要。詹姆斯及其团队很快就在旧的皇家邮政仓库建立了工厂并于1993年7月推出了第一台完全由戴森公司员工独自生产制造的DC01吸尘器。

15年的艰辛与努力，詹姆斯终于有了可以自行生产创新吸尘器的公司。他花了150万英镑(200美元)申请了专利，花了300万英镑(400万美元)研发新产品。但是这姗姗来迟的回报却实现了翻倍增长。当销售额开始稳定增长时，大型商场科密(Comet)和柯瑞斯(Currys)于1995年开始销售戴森的产品，DC01迅速成为英国销量最好的真空吸尘器，并维持至今。1997年1月，戴森真空吸尘器的销量比胡佛和伊莱克斯的总销售量之和还要多。

戴森在马姆斯伯里的研究、设计与开发中心

走向全球

在戴森与飞利浦斯发生争执的过程中，詹姆斯在离家不远的马姆伯里(Malmesbury)和威尔特郡(Wiltshire)建立了研发中心和工厂，这对于公司日后走向全球起到了至关重要的作用。长期以来，戴森都是小镇里唯一最大的雇主，这里的人们对公司在英国走向成功也发挥了很大的作用。但这并不意味着他们之间的关系始终没有任何问题。

1996 年詹姆斯任命马丁·麦考特（Martin McCourt）为公司 COO，这不失为一个明智之举。"公司一直在扩张，速度相当快，" 马丁·麦考特说，"并且前三年主要在英国发展，海外的营业额比较小。"1996—1999 年，戴森开始走向欧洲、日本、澳大利亚和新西兰，这就需要针对不同需求设计不同的戴森系列产品。

虽然公司不断地推出新产品，包括 2000 年推出的世界第一台带有两个滚筒的洗衣机（两个滚筒向不同的方向旋转，从而加快速度洗得更彻底），使得整个 20 世纪 90 年代及以后品牌的知名度越来越高，但 2001 年和 2002 年的利润却没有预期那么高。这是什么原因呢？简单地说，就是因为在英国的生产成本不断攀升，场地有限而导致扩大生产的能力也受到限制。虽然很不情愿，但公司不得不遏制扩张的速度，在伯明翰（Birmingham）建立起小型生产线来满足需求——这种生产方式极为低效。戴森已没有更多空间。

马丁说："马姆伯里的工厂每天 24 小时都在运行，周末也不例外，但是一个多余的吸尘器也生产不出来了，我们需要向外扩大现有的厂房。"

但是当地政府不同意这个做法。这个小镇已经成为以戴森为支柱的西部市场，他们担心一旦戴森向外扩大会使其失去现有的地位。"人们认为戴森已经非常成功了，他们认为我们的扩张将会毁了这个小镇。"

马丁及其团队开始寻找其他的办法，那就是离岸经营。任何一个和本地有着密切关系且有着较高知名度的企业，都会认识到这个决策非同小可。但对其可能带来的好处，也不能视而不见。马丁说："如果我们转向较低成本的生产线，并且该生产线没有产能的限制，我们就可以同时解决两个重要问题。"产能的不断提高将会有助于所有对企业的计划投资的实现，因而也就没必要求助于风险投资了。

"为我们生产戴森产品提供各种零部件的供应商发生了重大转变，"马丁说，"它们将重心转向了远东。我们的处境有点让人觉得可笑，我们将零部件从远东运回到英国，再组装，然后再运出去。这样做根本行不通。”因此，戴森公司做了一个艰难的决定，将装配生产线从马姆伯里迁移到马来西亚，以便在全球市场上扩大规模和保持竞争力，同时保留戴森在威尔特郡的研发中心。

文化的跨越

2001 年，马丁已经晋升为 CEO，詹姆斯给马丁的一个任务就是负责公司的这次迁移。他将目标选择在了位于马来西亚南端的柔佛州(Johor)首府新山(Johor Bahru)。做出这一决策的关键要素包括公司早先曾与当地政府开展过积极的合作，当地基础设施状况较好，以及英语对当地人来说并不构成障碍这样一个事实。马丁的团队非常了解马来西亚各级政府部门的工作方式，避免了给公司派出人员办理签证时所可能遇到的麻烦。“为了尊重地方财政和税收体制，了解他们的财政运作方式也是极为重要的。所有这些问题都至关重要，我们因此避免了不必要的冲突。”他说。

日本电子公司和惠普(Hewlett-Packard)在马来西亚也很活跃，留下了高品质、可信赖的生产基地。“这些公司中，许多已经开始转向中国，所以我们才得以在马来西亚着手发展生产能力。”马丁说，“而且大部分马来西亚人讲英语，这就使我们的过渡较为容易，因为没有语言障碍。这次的文化跨越让人觉得相当惬意，比想象中要容易得多。”

一些繁文缛节也相对较少，尽管确实存在一点官场作风，但这也是不可避免的。公司已经较为高效地实现了扩张，半年内就开了几家新的工厂。在新山，从最初的两个发展到三个，现在已经有五个工厂，当然这其中就包括设在新加坡附近的戴森数字电机厂。

当然，在英国本土，戴森的这个决策并不受欢迎。詹姆斯受到来自全国性报刊和威尔特郡地方报刊的猛烈抨击。那么公司是如何处理这个问题的呢？“我们竭尽所能来帮助那些无法留下来的员工寻找其他的工作。”马丁解释道，“我也可以很高兴地告诉大家，想要在其他公司就职的每一个人都设法找到了工作。我们建立了工作组，与地方当局包括地方委员会合作，帮助离职的员工再次找到工作，帮他们做简历并进行面试练习——我们把该做的都做了。”

这个决策虽然有些棘手，但不至于没有人情味。所以，公司最终还是得到了大家的认可，税前利润从 2002 年的 2 040 万英镑（3 260 万美元）增加到 2003 年的 4 600 万英镑（7 360 万美元）。现在，在马姆伯里就职的员工人数比公司迁移时还要多，全球的戴森员工人数比当初增加了三倍还多。

“向马来西亚的迁移开启了公司的扩张之路。我们已经能够快速建立新的工厂，消除产能上的阻碍因素；也能提高产品的质量标准，因为公司现有的员工在生产方面比过去更有经验；还能赚取额外的现金以帮助公司向日本和美国等市场扩张。”

> “现在，在马姆伯里就职的员工人数比公司迁移时还要多，全球的戴森员工人数比当初增加了三倍还多。”

成功地扩大市场

比起公司早期的艰辛奋斗历程，我们现在谈及这段扩张史似乎要容易得多。“从最终结果来看，似乎一切一帆风顺，但我们在经历过程中感觉却并非如此，”马丁回忆道，“任务极其艰巨而重大——我们将生产线转移到远东的同时，要在美国启动项目，要开发欧洲市场，还要设计新的产品以备在日本推出。”如此规模的全球扩张，其成功秘诀是什么呢？“挑战其实就在于相对较少的一小拨人居然要管理和驱动这样一个相当复杂的增长战略。这个过程非常有趣，也让人觉得颇为兴奋，但任务却极其艰巨。必须确保计划明确、目标无误，计划的执行过程才能顺利开展。如果你周围没有合适的人才，你就会乱成一团；如果有，才能顺利推进。”马丁如是说。

事实证明，一切进行得很顺利，其过程也令人印象深刻。公司进入美国市场之时，生产能力正不断扩大，2001 年 12 月还成功地从多伦多法庭上夺回了北美市场的准入权。公司的迁移全部完成后，2002 年 10 月公司进军美国市场。在日本,公司的增长也相当迅猛。七年内公司花费了1 100万英镑(2 000万美元)用于研发专门针对日本市场的体积更小但效力更大的产品——DC12。“一年内,我们在日本改装了20万台真空吸尘器,西方的公司很少能像戴森公司这样做,所以我们赚到了钱,而它们却没有。”马丁说。

他估计戴森现在生产的产品种类是公司迁移时的两倍,而所有新增产品线所需要的资金都来源于其从美国以及所涉足的其他45个国家获得的利润。

在这么多国家经营,无疑需要相当复杂的物流体系,但公司建立和宣传品牌的策略在很大程度上并没有改变。“我们所应用的方法看起来基本相似,一个市场一个市场地推进。”马丁说,“詹姆斯的方法简单有效,它起源于产品的创意,这一点比其他任何东西都重要。它与广告宣传、营销策略,甚至公共关系都无关。只要顾客认识产品,使用产品,然后说‘哇噻!真是太棒了!’,那么公司就是成功的。”

> “詹姆斯的方法简单有效,它起源于产品的创意,这一点比其他任何东西都重要。它与广告宣传、营销策略,甚至公共关系都无关。”

“当我遇到詹姆斯以后,我看到了一份调查,该调查显示过去戴森在英国销售量的80%都是源于公司顾客向家人和朋友的推荐。如今在美国亦是如此,那应该是你的一个出发点。如果公司产品性能和效率不如其他同类产品,公司也就不会得到顾客的钟爱了。为什么顾客要谈及某个产品呢?所有的广告宣传和公关都不会创造口碑,除非你的产品确实比别人的好。”

让人惊呼“哇噻”的要素

“从一个小小的公司发展成走向国际舞台,其中有两个因素至关重要:其一是在美国站稳脚跟,其二是能够成功地转移生产基地。”马丁说,“此后,任何东西都开始翻倍增长——销售量、收入和利润(不止增长一倍),企业当中所有关键性要素也都发挥了应有的作用。公司迁移前，海外业务不足1/3，现在占2/3。在主要市场上我们也占据了第一或第二的位置，其中也包括美国市场。显然，我们很遗憾不得不做出这个决定，但是这个决定将公司推向了世界舞台。”

坚持不懈的创新——DCI 6 型号，没有丧失抽吸功能的一款手动真空吸尘器

创新仍是戴森的核心，公司研发经费的一半几乎都是用于与核心产品不相关的产品上。2006 年，公司推出了一款可以跟真空吸尘器中的 DC01 相媲美的新型烘手机。“气刀烘手机完美至极，通过这款机器，我们可以看出公司是如何看待产品研发、技术和品牌的。”马丁说，“每个人在用卫生间时都会用到电子烘手机，但我们当中却很少有人对其提出建设性的评价意见。你已经有了问题和意见，但对电子烘手机仅仅是抱怨却无济于事——这是一种消极的态度，不是一种积极的态度。这就是完美的戴森所致力于的领域。”

与传统的烘手机完全不同，戴森的气刀烘手机不产生热，这又一次打破了传统的束缚。“它能够以时速 400 英里的速度将干净凉爽的空气从手的两侧的两个狭小喷气口喷出，将手烘干。简便又不产生热，在公厕用过的人都会为之‘哇噻’一声，赞不绝口。”马丁解释道。当然詹姆斯不会犯与以往同样的错误，该产品完全受到了专利保护。

对于刚起步的企业家来说，戴森的故事鼓舞人心，令人充满斗志。“做好准备工作，特别是当你要走出早已习惯了的国内市场时，准备工作至关重要。这就如同你必须要了解究竟要付出多大的代价，才不会遭遇令人不悦的恐惧和不安一样。”马丁建议道，“同时要确保提供适当的产品，这一点也是公司最不易做到的事情。好产品就要有精妙的设计、良好的做工，并尽量满足其本应该满足的需求，这样才能崭露头角，赢得更多成功的机会。”

> 好产品就要有精妙的设计、良好的做工，并尽量满足其本应该满足的需求，这样才能崭露头角，赢得更多成功的机会。

戴森目前境况如何？

2008年，公司继续创新。3月份戴森推出一款球机器，即用一个球来代替轮子，以便于机器能够在现场随意转动，从而更易于操作。戴森也推出了两款新的滚筒机器DC22和DC23，这两款滚筒机器采用了新的核心分离技术，能更有效地分离微小颗粒。

戴森继续向新的地域扩展。2006年在加拿大建立分公司，取得了巨大成功。目前戴森的真空吸尘器已在全球45个国家销售。

沃 尔 沃

——驱向成功之路

创 始 人：阿萨尔·加布里埃尔森(Assar Gabrielsson)和古斯塔夫·拉森(Gustaf Larson)

创始人开始创业的年龄：34岁和37岁

背　　景：加布里埃尔森是经济学家；拉森是工程师——二人在SKF(Swedish Ball Bearing Co，即瑞典滚珠轴承公司)相识

创立年份：1925年

公司类型：汽车制造

目前涉足经营的国家：110个国家

净利润：132.5亿英镑(247.4亿美元)(2008年上半年)

沃尔沃(Volvo)是世界上最为知名的汽车品牌之一，所生产的汽车因其安全性而享誉全球，原产地瑞典。在其81年的历史中，沃尔沃不断调整其产品以保持竞争力，尽管技术不断演进发展，但企业仍保持着其核心品牌价值——合理的价格与安全性。全球扩张对沃尔沃

的成功发挥了至关重要的作用：不像其他的国际竞争对手，沃尔沃诞生于瑞典这样一个相对较小的国内市场，因此对于公司来说，向海外市场扩张是必然的选择。

早期

1925年，雄心勃勃的阿萨尔·加布里埃尔森和古斯塔夫·拉森肩负起一个艰巨的使命，即要证明他们可以生产出一款与市场上现有的外国汽车相媲美的瑞典汽车。

加布里埃尔森和拉森在SKF公司工作时认识，加布里埃尔森毕业于斯德哥尔摩商业学院，曾在多家企业出任高级销售职位，包括出口总监这样的职位；拉森是工程师，回国前在英国汽车公司工作过几年。二人的专长正好互补，为他们实现梦想提供了很好的储备。加布里埃尔森精通经济知识（能够提供必要的经济知识背景支持），而拉森懂得如何设计汽车。事实上，当时二人都热衷于制造自己的汽车，与在瑞典销售的进口车相抗衡。

创始人加布里埃尔森和拉森在沃尔沃车库外

沃尔沃的遗产管理人克拉斯·赖德尔姆（Claes Rydholm）说："公司发展之初很不起眼，起初SKF很不情愿，但最后还是提供了资金支持，帮助这个名为沃尔沃的公司注册，并安排成立了第一家工厂，还配备了办公设备。加布里埃尔森投入了他所有的积蓄——15万瑞典克朗（相当于今天的30多万英镑或 56 万多美元)。SKF 共提供了大约 100 万克朗的资金和 20 万克朗的股本金。”

协议允许公司创立者使用 SKF 子公司的名称——AB 沃尔沃来研发自己的汽车。1925 年该公司开始生产和销售滚珠与滚子轴承。

值得注意的一点是,此时距离大型汽车工厂的创建还有很长一段时间,因为当时汽车零部件全部是由工人手工组装的,因而这使一家不大的企业也有可能开始制造自己的车辆——这一点对于今天的许多企业家来说是不可思议的。

令人自豪的时刻:1927 年 4 月 14 日沃尔沃的首款汽车 OV4 驶出工厂

> 加布里埃尔森和拉森肩负起一个艰巨的使命,即要证明他们可以生产出一款与市场上现有的外国汽车相媲美的瑞典汽车。

二人提出了第一款车的设计图,并制造了几个车模。AB 沃尔沃的第一批 10 个车模,被作为样品销售给同行伙伴。因此当第一批生产的汽车于 1927 年 4 月 14 日运出哥德堡工厂(Gothenburg factory)时,在斯德哥尔摩(Stockholm)和哥德堡就已经有固定的经销商了。这款汽车被命名为 OV4,它是一款带有四缸发动机的开放式旅行车,定价 4 800 克朗(相当于今天的 9 000 英镑或者 1.7 万美元)。很快第二款小轿车 PV4 也问世了,定价为 5 800 克朗。

起初，公司的目标是每款生产销售500辆，但瑞典顾客比想象的要更难以诱惑，第一年只销售了297辆。尽管没有达到既定目标，但是第一年就销售近300辆汽车也足以证明公司取得了不小的成就。

当时是汽车制造的黄金年代，新的想法和创新纷至沓来。这个年轻的汽车制造公司蓬勃发展，第二年就推出了OV4小轿车的加长版和公司的第一款卡车。

1927年的OV4的前指针

开门红

公司早期的迅猛发展预示着未来的不同凡响。通过报纸和杂志上的营销宣传，他们围绕着两个人要制造第一款瑞典车的故事大造声势。因此，尽管没有实现销售目标，但截至年底，营业额达到140万克朗(相当于今天的200万英镑或370万美元)，拥有员工250多个。并且，作为一个瑞典的本土品牌，两个创始人在公司创立之初就意识到公司向全球扩张是重要的发展战略，因而很早就致力于此。赖德尔姆说："在像瑞典这样一个相对较小的母国市场，为了能够生存下去，出口是至关重要的。从一开始我们就认识到了这一点。"

因此，1928年沃尔沃就开始将其产品出口，他们在芬兰建立了第一家子公司。在与本国毗邻并还没有建立自己知名汽车品牌的国家，成立分公司是合理的选择。这项工作的进展很顺利。这为公司日后实现快速成长树立了榜样。公司成立81年以来,增长势头不减。截至1929年,公司已经研发出第一款六缸发动机车型,销售量达到1 383台,这也是公司第一次实现赢利,其中27辆出口至阿根廷和巴勒斯坦。随后一年,沃尔沃已经有了足够的资金;它收购了希辛根工厂(Hisingen factory),并将该工厂用于为母公司SKF生产车辆。

两个创始人在公司创立之初就意识到公司向全球扩张是重要的发展战略,因而很早就致力于此。

两位创始人继续扩大公司的范围,到1931年为止,他们已研发了四款出租车。尽管全球经济危机影响到了汽车销售,但沃尔沃仍势头不减,保持了其8%的市场份额。事实上,这一年公司给股东们分发了第一笔红利,也收购了位于瑞典舍夫德(Skovde)的发动机供应商AB Pentaverken的控股权。

产品研发和销售额都在快速地增长。一年后,沃尔沃已经生产出自己的第1万辆车,并且公司还开始为瑞典警察生产警车。他们甚至生产了带有七个座位的高车顶轿车,以方便知名人士能在车内戴着帽子。

同时,按照既定的方针和计划,出口成为公司重要的收入来源。1934年销售的2 984辆车当中,有775辆是出口国外市场。此时,公司已经有能力收购SKF其余的股份了。1935年,也就是一年后,沃尔沃在瑞典股票交易所上市。

克服挑战

在二战前的几年时间里,沃尔沃一直快速发展,每年都会推出新车。但是二战爆发后,燃料与原材料的短缺成为公司面临的直接问题。石油配给也对销量产生了影响,销量从1939年的7 306辆锐减至1940年的5 900辆。但是,由于公司的高瞻远瞩,沃尔沃在二战的前一两个月就能够生产靠次等燃料(煤气)驱动的汽车(公司已经开始研发汽油的替代物),即便是战时,公司也生产了上万辆此类车。这些车和军用车的销售弥补了公司的损失。并且,尽管处于二战中,AB 沃尔沃仍成功地实施了几次收购,包括购买 Svenska Flygmotor AB 的大部分股份,后来这家公司发展成为沃尔沃航空公司(Volvo Aero)——一个专门为客机、战斗机以及火箭制造发动机和其他零部件的子公司。

1944 年,沃尔沃的两款"和平车"在斯德哥尔摩的主要会展中亮相,吸引了将近 15 万人。两周后,2 300 人订购了其中一款——PV444,其定价为 4 800 克朗(这仅仅是 1927 年第一款车的价格)。由于机械制造业发生的长期罢工,1947 年这批车才交付给顾客。而 1947 年,PV444 的零售价是 8 000 克朗,所以沃尔沃起初的 2 300 辆车遭受了损失。即使如此,公司仍有 3 000 名员工,年营业额为 1.12 亿克朗。战后的两年,公司快速发展:1949 年,沃尔沃销售了第 10 万辆车,其中 2 000 台出口,而员工人数已达到 6 000 人。

不断壮大

公司事业蓬勃发展。20 世纪 50 年代初,公司营业额增长到了 3.10 亿克朗。PV444(现已配置了新的必备设施——一个外置的遮阳板,被称为"匪徒帽")已成为瑞典的畅销车,而公司也开始研发自己的首款旅行车。此时的沃尔沃在北欧、许多没有国内汽车制造商的欧洲大陆国家、中东及南美都已享有盛誉。20 世纪 50 年代,沃而沃也向北美和其他国产车占主导地位的欧洲国家(德国、法国和英国)进军。

当然,公司的成功史中也有一些失败的经历。1954 年,沃尔沃推出了一款跑车。该跑车拥有美式两座玻璃纤维车身,主要用于出口,但结果不是很理想。根纳·恩格列奥(Gunnar Engellau)在 1956 年担任常务董事后,该款车仅生产了 67 辆,就停止了生产。

在全球扩张过程中也存在一些特殊的挑战,尤其是"寻找合适的进口商或经销商并游说顾客来购买一个来自遥远的无人知晓的小国所生产的汽车,特别是在北美"(赖德尔姆语)。赖德尔姆还补充道:一些人认为我们向美国销售汽车就如同试图向爱斯基摩人卖冰箱，根本卖不出去。但不久，沃尔沃就证明了在美国也有 PV444 等车型的市场。

1956 年，沃尔沃在纽约的车展上亮出 PV444 车型，截至当年夏天，多达 100 个美国经销商与其签订了销售合同。到 1963 年，由于需求与日俱增，沃尔沃在加拿大的哈里法克斯(Halifax)建立了第一个外国装配厂。沃尔沃对出口市场的关注和努力取得了回报：到目前为止，美国已经成为公司最大的出口市场，而沃尔沃也已经成为那里的第四大进口品牌。集团的营业额超过了 20 亿克朗，员工也达到了 2 万人。

美国已经成为公司最大的出口市场，而沃尔沃也已经成为那里的第四大进口品牌。

显然，出口对于公司所取得的巨大成功具有举足轻重的意义。"由于国内市场所占比例不足销量的 15%，所以出口是公司生存的必要条件。这是公司不同于其他企业的地方。"赖德尔姆说。

树立品牌

20 世纪 50 年代末期，沃尔沃持续不断的产品研发(尤其是 PV544，该款车是 PV444 的升级版)和成功的出口策略使营业额首次超过了 10 亿克朗。

一直以来，无论哪个产品，也无论在哪个市场，沃尔沃的全球品牌都因始终如一的核心价值——安全与高质量而享有盛誉。这绝非偶然。沃尔沃的营销策略始终将产品的安全性作为首要的独特卖点，这也是其产品研发团队不断推动的结果。沃尔沃一直是安全方面的倡导者和领先者。1936 年，拉森曾说过："车由人驾驶，因此我们在沃尔沃所生产的一切产品背后都必须遵循的一个指导性原则，那就是确保安全性，这一点现在如此，将来亦如此。"1959 年，沃尔沃在亚马逊车型和 PV544 上安装了三点式安全带，成为第一个安装三点式安全带的汽车制造商。整个 20 世纪 60 年代，沃尔沃在产品的安全性方面做出了一系列的改善，比如率先安装制动器，生产出带有儿童专用后座的首个车型。沃尔沃 144 车型中安装了折叠式转向柱(collapsible steering column)和吸能缓冲区,赢得了国内外客户的一致好评,1965 年被评为"年度车型"。

> 我们在沃尔沃所生产的一切产品背后都必须遵循的一个指导性原则,那就是确保安全性,这一点现在如此,将来亦如此。

沃尔沃汽车的安全性特质也受到了国际的广泛赞赏,包括瑞典汽车工业协会(Swedish Automobile Association's)在内,该协会就曾因其产品的安全性较高而授予沃尔沃金质奖章。20 世纪 60 年代,美国国家高速公路交通安全管理局购买了多辆沃尔沃 240,作为美国市场上被检测的所有新车的安全标准。20 世纪 80 年代,沃尔沃凭借着机械型安全带拉紧装置而获得了麦克王子道路安全奖。

随着交通事故的频频发生,人们的安全意识也在提高,沃尔沃营销策略中的安全要素也因而成为一个更强有力的卖点,推动着销售量不断攀升。20 世纪 70 年代,沃尔沃成为斯堪的纳维亚地区销量最好的品牌,而美国超过了瑞典成为沃尔沃最大的市场,截至 20 世纪 80 年代,沃尔沃已经发展成为美国最大的进口品牌。所有这些都归功于公司所开展的、能够引起广泛关注的系列广告宣传活动,以及对于安全与质量的关注远远超出顾客期望的强有力的产品。

2008 年秋季新款的 XC60 正在热销

早在20世纪60年代初期，沃尔沃就开始关注环境问题——这是公司又一个走在同行业前列的举措，今天这项举措已经显得极为重要。“目前沃尔沃面临着一个巨大的挑战，就是如何设计出代表着未来可持续动力的沃尔沃汽车。”赖德尔姆强调说。对于一个早在20世纪80年代就提出自己的第一款环保概念车的企业来说，你可能猜得到，这种挑战也绝非无法逾越。20世纪80年代的这款车型是全功能的混合系统，它采用了燃气涡轮机、电动机和高速发电机。由于使用了可循环再生材料，这款车受到了全世界的关注。

沃尔沃目前境况如何？

直至20世纪50年代，公司仍由其创始人——常务董事阿萨尔·加布里埃尔森和技术总监古斯塔夫·拉森掌管。1999年，公司以500亿克朗(475亿英镑)将沃尔沃出售给福特汽车公司(Ford Motor Company)，以确保有足够的资金进行将来的研发。同时，沃尔沃的商标品牌被加入控股公司，成为沃尔沃商标控股集团，该集团为AB沃尔沃和福特公司共同所有，其管理也要依品牌将被如何使用而定。

“1999年沃尔沃被福特收购的原因之一就是，随着市场竞争的日益加剧和产品研发步伐的不断加速，沃尔沃汽车仅凭1%的市场占有率并不能确保其未来市场的独立地位。”赖德尔姆如是说。他还补充道，公司目前的计划就是确保其“以一种最优的方式来生产一种具有较长生命力的产品，这种产品可提供可持续性动力”。

如今，沃尔沃集团旗下包括沃尔沃卡车、沃尔沃公交、沃尔沃建设设备、沃尔沃遍达、沃尔沃航空和沃尔沃金融服务公司。但其品牌中仍以轿车最为著名。自从沃尔沃轿车被福特收购以后，仍势头不减，一直在不断发展壮大，始终处于行业的领先地位。2001年，公司推出一系列环境友好型柴油机D5，该系列机型的二氧化碳排放量比类似输出功率的柴油机的排放量少30%。2002年，沃尔沃XC90在短时间内获得了比其他型号更多的奖项，不久又获得了由美国和欧洲的独立检测机构所给出的最高安全评级。

2004年，由于将近46万台汽车的零售量，公司创下了销售记录，现在公司在世界各地都有生产设备。正如赖德尔姆所说，“同那些拥有牢固的国内市场作为主要收入渠道的竞争对手相比，国内销售额所占比例不足15%的沃尔沃向世界证明了，即便是全部的比赛都是作为客队来打，在激烈的汽车市场上获取成功也是可能的”。

Dorling Kindersley

——出版业先锋

创 始 人：彼得·金德斯利(Peter Kindersley)和克里斯托弗·多林(Christonpher Dorling)

创始人开始创业的年龄：33 岁和 34 岁

背　　景：艺术总监和制图员

创立年份：1974 年

公司类型：出版社

目前涉足经营的国家：60 个国家

销售额和净利润：不详

初次涉足出版业，彼得·金德斯利和克里斯托弗·多林打算向一个相对沉闷的市场引入有大量插图的彩色参考书。公司创办于 1974 年，第一年的营业额达到将近 100 万英镑(230 万美元)，价值相当于今天的 700 万英镑(1 300 万美元)。这个数额对于一个新企业来说是相当大的。自公司成立以来，这家英国出版商就面向全球市场——

该公司的第一笔交易在纽约达成，紧接着又在欧洲达成了多笔交易。在接下来的30年里，DK克服了其前进道路上的诸多重要障碍，成为了参考书及图册出版领域的领军机构。

创始人背景

彼得·金德斯利曾经学习过画画，22岁离家去伦敦谋生。他曾在一家杂志社工作，在那里他学到了日后赖以生存的出版技能。他28岁在托马斯·纳尔逊(Thomas Nelson)出版社工作时当上了艺术总监，并且在那里遇到了米切尔(Mitchell)和比兹利(Beazley)，(这两个人后来创办了以他们的名字命名的插图参考书出版社)。他们都致力于托马斯·纳尔逊出版社的成长壮大，结成了深厚的友谊。1967年米切尔和比兹利与地图出版商飞利浦(Philips)联合创办了公司，彼得一开始就以艺术总监的身份参与该公司的运营。新公司初期发展很好，然而五年之后，彼得由于不满于公司创办者们的激进手段，决定自立门户。他常常告诫自己，"需求是创造力之母"。

彼得的退出似乎显得并不友善。为了不让他创立一家与之竞争的新公司，米切尔—比兹利公司同意让他担任董事长职务。起初，彼得只能以他妻子的名义注册新公司，直到米切尔—比兹利公司放走他的时候他才将注册人改为自己的名字。而曾同在米切尔—比兹利公司工作的彼得的朋友克里斯托弗·多林也加入了彼得的新公司，即后来的"DK"，他具有很强的营销和编辑能力，与彼得擅长的可视化技术形成了互补。

多彩的梦

他们设想的出版物不是单一的，而是一系列内容覆盖面非常广的书籍，从园艺、酒单，直至儿童读物。一开始他们就养眼于出版有精美插图的参考书。当文字充斥于出版界的时候，这些企业家希望奉献出一些有视觉效果的、以图片为主、能提供信息并且更具有可读性的读物。创立者自公司成立之日起就意识到，有了丰富的图片，书籍可以很容易地被翻译成多国语言，并且在国际市场上会有很好的销量。

彼得·金德斯利在自己目前经营的伯克希尔有机农场上

克里斯托弗·多林加入了新公司……他具有很强的营销和编辑能力，与彼得擅长的可视化技术形成了互补。

DK于1974年10月创办于彼得位于伦敦南部的家里的后屋。很快他们就雇用了米切尔—比兹利公司的一位编辑克里斯托弗·戴维斯(Christonpher Davies)。他们三个凭借自己曾是米切尔—比兹利公司的创始成员，顺利地启动了新公司的业务，尤其与美国和荷兰的合同更是得益于其创始成员身份。

DK在成立之初只是个图书包装商，他们策划选题，在作家与出版社之间起到了纽带联结的作用。他们将作品所有权卖给各个出版社，大量印刷后，在世界各地分别以不同出版社的名义出版。这样DK就使得他们的书籍有了更大的销量，而不是仅仅局限于英国范围内的销售。这是一种相对来说比较新颖的营销方式，创立者的成功在很大程度上依赖于他们在出版界的声望和他们早期部分作品的质量。

创立者的成功在很大程度上依赖于他们在出版界的声望和他们早期部分作品的质量。

起初，彼得确定了三个选题。首先，由于他自己对进化论很感兴趣，他写信给著名作家奈杰尔·考尔德(Nigel Calder)，让他写一本关于进化论的儿童读物，这样就诞生了《约翰尼的起源》一书。然后，考虑到酒会是个很流行的话题，他们找到了帕梅拉·范戴克·普赖斯(Pamela Vandyke Price)写了《酒的味道》。范戴克·普赖斯(Vandyke Price)当时已经和另一家出版社合作，受到彼得的邀请后，她决定终止原来的合作，因为她更希望自己的作品中出现有趣的插图，而这一点是那些传统守旧的出版社所办不到的。最后，由于摄影是彼得的另一爱好，所以著名作家约翰·赫奇(John Hedgecoe)克受邀创作了《摄影手册》。所有这三本书都是以图片和照片为主的画册式书籍。近年来这类书籍很流行。

另辟蹊径

有这些图书在手，彼得和克里斯托弗参加了1974年10月举办的法兰克福国际书展，但是却付不起一个展位的钱。相反，他们在红灯区的一个不起眼的宾馆预订了房间，让秘书去书展上招揽人们在傍晚时分来看看他们的作品。他们把书摊在床上，让顾客坐在仅有的一把椅子上，然后自己站着给顾客介绍。来看他们书的人虽不多，但却都很重要，很多出版商出于DK创立者的声望和DK新颖的书籍光顾了他们的"展位"。

书展过后，由于出版商对DK的书籍非常感兴趣，DK下一步的计划就是直接与出版社签订合同。彼得回忆道，由于与纽约出版商早期的商务往来，DK赢得了很高的声望，纽约自然是其合同的第一站。(彼得在与纽约的合作中策划了《性爱圣经》和《休·约翰逊葡萄酒地图集》，且两部作品都获得很大的成功。)凭借着一个简单的商业计划，以其房子作为抵押，彼得向银行申请了1万英镑(2.3万美元)的贷款，相当于现在的7.5万英镑(14万美元)，作为美国之行的费用。彼得记得他们没有用完这些钱。事实上，最初的花销几乎都是来源于他离开米切尔—比兹利公司时所得到的1.7万英镑(4万美元)的薪酬。

他们的美国之行历经三个星期，最终，他们于圣诞节的前一周将所有三本书都卖给了兰登书屋，这意味着他们只需要完成这一桩大买卖。彼得说这个突破是一点小运气；运气虽小，却是创业所必不可少的。通过这次经历，他们给出版商们留下了很深的印象，他们能够确保对于这些题材，他们有很强的表现力和优秀的作家。从美国回来之后，彼得还得到了一个好消息，那就是他被米切尔—比兹利公司正式解雇。从法律上讲，他终于可以经营自己的公司了。

轻松走向全球

第一笔大交易达成以后，他们又火速地前往荷兰、意大利和其他欧洲国家，向当地的出版社出售著作的翻译权。图书插图多的好处就在于它能很容易地被译成别的语言。这与许多书比起来有两个绝对优势：一是翻译费用很低，因为它比那些以文字为主的书少很多字数；第二，就印刷过程本身来讲，同时印刷成不同的语言版本要省很多的钱。

DK 的计划中最重要的一点就是在每本书上花更多的钱，制作出更优秀的书籍。为了使他们的计划赢利，他们需要同时印刷出不同的语言版本，才可以以数量来分摊多页插图所造成的高昂费用。这就意味着他们要同时出版多国语言版本的书籍，被称做联合出版(Co-edition)。彼得认为这是他们成功的关键所在。

可以想象，六个不同国家的出版商同时在自己的国家出版同一部作品的不同版本将会有多么大的商机。彼得补充道，与不同国家的出版商们洽谈需要有相应的人才。因此，只要书的第一版印刷出来，DK 就会派出通晓该国语言的谈判代表及其团队与各国的出版商进行洽谈。不同于别的英国公司，DK 此举显然是明智之举，因为与别国出版商洽谈业务时使用该国语言将会为自己增色不少。公司创立的第一年，DK 雇用了一名会讲五门欧洲语言的男销售员和一名会讲西班牙语的女销售员。相反，大多数英国出版商们只有一名双语的销售员。很快，DK 就将其销售团队增至六人，他们走遍全球，招徕生意。

不同于别的英国公司，DK此举显然是明智之举，因为与别国出版商洽谈业务时使用该国语言将会为自己增色不少……很快，DK就扩大了其销售团队。

在烟雾中腾飞

签了几笔重要的订单之后，DK开始加紧完成订单。然而正当荷兰出版商开始印刷这些书籍的时候，灾难降临了。印刷车间起火了，所有DK的作品都被烧毁了。火灾的成本高达上千元，而且他们所有努力的工作都被付之一炬。幸好摄影作品有存档，但所有其他的工作都要重新返工。全部人员都停下别的工作赶这批订单。彼得回忆道，令人意想不到的是，尽管出现了这么大的灾难，这批书籍还是如期到达美国市场。

这三本书出版后的境遇各不相同。《约翰尼的起源》虽卖给了世界各地的出版商，但是彼得认为那根本不值一提；《酒的味道》则被看做是浪费时间的读物；只有《摄影手册》才实现了其应有的价值。当时正值单反相机上市，人们需要一本好书来指导他们使用此种相机。1975年春天，《摄影手册》一问世，DK就接到了来自柯达等公司的电话。彼得用"难以置信"来描述《摄影手册》的发行。事实证明他的决策是正确的，这本书后来创下了百万销量。

发展中的DK

创办一年之后，DK将办公地点迁到了伦敦市中心的考文特花园(Covent Garden)，至今有26年了。

后来DK在法兰克福书展上的表现与第一次大不相同。这次展会上，DK发现别的出版商们有意剽窃DK的创意，感到非常气愤，于是将自己的展位装上隔板，这样只有那些受邀之人才可进入。彼得说这个做法很受欢迎，因为受邀请者感到自己的地位得到了提升。此外，由于每个展台面向不同的国家，为了顾及各个国家的出版商们，DK 为每个展台都配备了一名能讲该国语言的人。

位于伦敦市中心斯特兰地区的 DK 办公大楼

未来的三年里，DK 策划了八个选题，其中三个都创下了百万销量。

重要的是，DK 于 1982 年成为一家合法的英国出版社。以 DK 冠名的第一部作品是《红十字急救》。这是一本急救手册，当时被译成 20 多种语言，销量达到几千万。

1987 年，克里斯托弗正处在其职业生涯的顶峰，但他却决定离开公司，另谋高就。在克里斯托弗离开的第二年，鉴于当时市场上还没有精彩的非小说类儿童读物，彼得发行了著名的《目击者旅行指南》。目前这套丛书有 150 部，在世界各地销量超过 5 000 万册。

再上新高

1990 年，DK 与《读者文摘》合作期满之后，紧接着找到微软，期待与微软合作进军多媒体市场。微软以 230 万英镑（400 万美元）购买了 DK 26%

的股份。1991 年，为了开办 DK 多媒体，微软又借给 DK 200 万英镑。很快，DK 的第一张 CD——《乐器》就问世了。DK 多媒体对于公司的不断扩大有着重要意义。1996 年，尽管市场竞争非常激烈，该部门的销售额还是占到公司销售总额的 12%（2 120 万英镑，3 150 万美元）。

1992 年，DK 上市，以 2 350 万英镑售出 1 900 万股（彼得仍持有公司 51%的股份）。

在这期间，DK 开始着手一些新的投资，其中包括在美国创建了一家出版社。DK 希望以自己的名义出版书籍，而不愿只是将出版权以许可的形式转让。1991 年之前的几年中，DK 成功地将书本"包装"运往美国，直到 1991 年，DK 才第一次在美国出版了自己的书籍。

20 世纪 90 年代中期，DK 收购了三个出版社，分别是亨德森出版社（Henderson Publishing）、雨果外文图书有限公司（Hugo Language Books Ltd）和相思出版社（Acacia），由此 DK 跻身于出版专业领域。到 1996 年，DK 销售额达 1.744 亿英镑（2.79 亿美元）。在股东大会上，彼得宣布，DK 已开始着手提升它的品牌知名度。

DK 出版的保健方面的图书

难忘的决策

早先的三部《星球大战》的电影很受欢迎，因此，自第一部上映以来，人们就不断地要求看续集。而电影制作公司也不遗余力地销售与新电影相关的许可产品，包括图书。DK就获得了《星球大战》图书的出版权。预测新书的销量很难，而DK就在这点上栽了个大跟头。插图类图书一般在东南亚印刷，然后运往英国，这意味着订单签订之后至少得三到四个月才能收到图书。为了保证大片放映之后其相应的图书不会缺货，DK需要决定印刷多少册。据媒体报道，1999年，DK预计该书会有很大的销量，于是决定印刷1 300万册，而实际上只售出了300万册。对于任何一个出版商来说，滞销的1 000万册图书都是个大难题。这对DK来说也是个很大的打击。最后，2000年3月，培生集团(Pearson)收购了DK。同年，在出版业工作了40年的彼得退休，目前在伯克希尔经营着一家有机农场。

DK目前境况如何？

《星球大战》的惨败之后，在全球执行董事安德鲁·韦尔汉姆(Andrew Welham)的管理下，在企鹅集团(Penguin)的销售部与营销部的支持下，DK走出了失败的阴影，创作了《动物》和《终极机器人》，并且都取得了成功。

DK大部分时间都在自己开发选题，除此之外，公司也出版了一批作者自主撰写的书，包括比尔·怀曼(Bill Wyman)的《滚动的石头》，特蕾西·考克斯(Tracey Cox)的《超级性爱》和蒙蒂·唐(Monty Don)的《十足的园丁》。

2005年，加里·琼(Gary June)加盟DK任CEO。加里擅长销售、营销，以及开创新业务。DK继续主导着精品家庭参考书和儿童读物市场，并且投资于有挑战性的全球项目，比如600页的历史文化书籍。现在DK在60个国家出版44国语言的书籍，销售着世界畅销书《目击者》系列丛书。他们还出版儿童参考书，如荣登《纽约时报》畅销书榜单的《带我上路》。DK还与著名专业作家开展合作，与BBC全速英语的理查德·哈蒙德(Richard

Hammond)合作出版了《汽车科技》。

DK是一家全球企业，其办事处遍布世界各地，其中有一些归属于企鹅集团，另外在德国和加拿大等国还设有单独的办事处。创新一直是DK的宗旨，它将其产品的电子版通过移动电话、电子书以及万维网等多媒体平台进行销售。最近又与Visa、MSN、旅游网(Net Trav)和荷兰政府合作推出了有关旅游和医疗的产品。正是由于DK的创新能力和对其产品的准确定位，在国际市场上，DK这个名字就等同于精品图书。

孤独星球

——当我们旅行时

创 始 人：莫琳·惠勒(Maureen Wheeler)和托尼·惠勒(Tony Wheeler)

创始人开始创业的年龄：22 岁和 26 岁

背　　景：秘书和伦敦商学院学生

创立年份：1972 年

公司类型：旅游类出版社

目前涉足经营的国家：世界各地

营业额和净利润：2 310 万英镑(4 000 万美元)和 430 万英镑(750 万美元)

新婚的莫琳·惠勒和托尼·惠勒在一次欧亚游之后创办了该出版社。20 世纪 70 年代出现了一大批个体出版商，他们希望体现学生背包文化。孤独星球(Lonely Planet)就是其中之一。从那之后，孤独星球就成为世界上最大的两家旅游指南出版商之一。他们出版世界各地的指南，连缅甸的都有。近来，《环球时报》甚至认为，是孤独星球首创性地发明了自助游指南。现在，孤独星球还继续在全球范围内出品旅行指南和电视节目。

创业之初

同许多成功的公司一样，莫琳和托尼进入图书出版业也是个巧合。事实上，办公司的想法是在他俩的一次共同旅行之后产生的。托尼1972年从伦敦商学院毕业之后，决定最后尝试一下学生时代的自由生活，他推迟了去福特汽车公司上班的时间，与新婚妻子一起出去旅行。

这对新婚夫妇于1972年从位于伯克希尔(Berkshire)的托尼的父母家出发，开始了令他们受益一生的探险之旅。他们穿越欧亚大陆并在一年后抵达澳大利亚。与现在不同，在当时从来没人听说过有人到亚洲旅行。

托尼在克莱姆森(Crimson)出版社2008年出版的《当我们旅行:孤独星球故事》(*Once While Travelling*: *The Lonely Planet Story*)中说道:“尽管我记得克莱斯勒的一个工程师跟我说过，他曾经开着英国凯旋跑车到达了土耳其的另一边(指土耳其的亚洲部分。——编者注)，但我还没有听说有人去亚洲旅行呢!”

全新的开始

1972年7月，这对夫妇乘坐游艇到达澳大利亚，很快他们就在悉尼找到了工作和房子，开始在那里生活。托尼说，在开始的几个月里，他们就意识到这次为期一年的旅行会变得更长。“即使30年后的今天，我还能记得1972年的下半年所发生的一切。人的一生中有多少时间可以过得如此精彩呢?”托尼反问道。

也正是在这段时间内，人们开始不断地问他们问题。托尼回忆道:“每当我们去参加聚会或是来到某个工作场所时，人们都会问起我们的那次旅行。我们是如何做到的？这次旅行花了多少钱？巴厘岛怎么样啊？阿富汗危险吗？"不久，他们便决定把他俩的游记写下来卖出去。唯一的问题是需要找到一家出版社为他们出书。但托尼有自己的想法，他说："我们不需要出版社，我知道怎样把书装订成册，我们可以自己出这部书。"

托尼和莫琳在西澳大利亚的埃克斯茅斯海岸（Exmouth Beach），这是他们达到后不久所拍摄的照片

> 即使30年后的今天，我还能记得1972年的下半年所发生的一切。人的一生中有多少时间可以过得如此精彩呢？

然而，找一台印刷机来印刷1 500本书是一件相当复杂的事情。幸运的是，他们巧遇了比尔·多尔顿〔比尔·多尔顿的月亮出版社（Moon Publications）出版旅游书籍，至今还在运营〕，而多尔顿又把他俩介绍给了戴维·比赛特（David Bisset），他家地下室有台打印机。

在他们的第一本指南《便宜走亚洲》（*Across Asia on the Cheap*）即将问世时，他们的出版社还没有名字。托尼说为了这个名字，他俩绞尽脑汁。但一次偶然的机会，他在唱马修·穆尔（Matthew Moore）的《空间队长》（*Space Captain*）的时候，唱成了"当我穿越天空的时候，这孤独星球吸引了我"，歌词中本来是"可爱星球"。但是这个口误却产生了意外的收获，惠勒夫妇就把孤独星球定为出版社的名字。

加足马力，奔向成功

他们的第一本书很快就获得了成功。书本装订好之后，惠勒夫妇说服当时悉尼最大的书店安格斯(Angus)和罗伯逊(Robertson)订了50册，而后又去别的书店推销。一天下来，他们卖出了几百本书。他们在卖给一个书店老板的时候还受到媒体的关注，因为书店老板的女朋友是一家报社的记者。

这篇报道也帮这对夫妇做了他们想要的宣传。托尼说："紧接着又有一家报纸对我们的书进行了报道，随后又有电视节目组邀请我们上节目。这让我们头一次感受到了宣传的力量。很快，我们的书不仅在书店货架上可以看得到，就连收银台边和橱窗里都能看得到。"

报道刊登十天之后，惠勒的最后一本《便宜走亚洲》也卖完了，并且还需要再版3 500册。孤独星球迈出了走向世界的第一步。

成功出版了他们的第一本书后，惠勒夫妇下一步的计划锁定了东南亚。《鞋带上的东南亚》(*South-East Asia on a Shoestring*)记载了这对夫妇骑着250cc的雅马哈DT2小轮车，花一年的时间游遍东南亚的经历。

第二本书完成之后，惠勒夫妇面临着小企业常有的难题——欠账。公司财务十分紧张，而新西兰的分销商从第一本书开始就一直拖欠书款，现在已经欠了很大一笔钱。

托尼说，阿利斯泰尔·泰勒(Alistair Taylor)卖出很多书，但始终没有付款。试图要回钱来似乎不太可能。"委婉地提醒对他毫无用处，诉诸法律也不行。最后，阿利斯泰尔干脆说他没钱。"惠勒夫妇并没有放弃解决这个大难题，而是采用20世纪70年代嬉皮士的做法，最后同意与其做一部分交换。最后，阿利斯泰尔将自己的一些书拿出来抵欠惠勒夫妇的账。托尼问道："我们会对一些在新西兰卖不出去的书感兴趣吗？"

1974年5月，"我们的船到了"，托尼这么说。惠勒夫妇从阿利斯泰尔那里收到了400本讲述如何建造网格式屋顶的《大圆》(*Great Circles*)和300本介绍吉米·亨德里克斯(Jimi Hendrix)的书，这些都卖光了。"几个月之后，墨尔本的一家音像店还问我这本关于亨德里克斯的书还有没有了。”托尼笑道。

到1975年年底，孤独星球准备再印刷1万册《便宜走亚洲》和1万册《鞋带上的东南亚》。惠勒夫妇早先被银行拒绝贷款，托尼的父母为他们做担保，才从银行贷到了4 000英镑（约合现在的2.5万英镑或4.7万美元），并取得了一定的透支限额。托尼说："这一银行贷款限额一直持续了很多年。"

日益增多的烦恼

1979年，出版业发展很快，政府为了遏止这种势头，对所有的家庭作坊下了限令。所以孤独星球只好搬到墨尔本（Melbourne）的一间办公室里。这时，惠勒夫妇感觉到，他们的公司就要飞黄腾达了。

也就是在这个时候，他们决定招募新的人员加入该公司，而吉姆·哈特（Jim Hart）于此时来到孤独星球。他早先在澳大利亚最大的个体出版社里格比图书（Rigby Books）公司工作——该出版社同样受到了这次改制的影响。托尼说："1979年，我们同意吉姆购买公司25%的股份，但吉姆需要支付的价格和支付时间都是个未知数。"

他补充道，还有一个重要问题就是该付给吉姆多少薪水。当时尽管公司销售额达到6万英镑（12万美元），但还是存在着经济上的困难。"我们需要支付各类账单，要付给作者稿费，要支付工资，还要装点门面。即使1979年下半年的销售额增长了一倍，但支付吉姆的工资还比较困难。"托尼说道。

吉姆的一次眼睛问题使得公司财务状况雪上加霜。"有一天，吉姆来上班，一直在说他看东西有重影，随后就去了眼镜店，结果老板让他去看医生，医生又让他去看专家。脑扫描之后，吉姆被诊断为脑动脉瘤，需住院治疗。医生说他脑中有根血管肿胀，若不注意，很容易爆裂导致中风或是更坏的结果。"而在托尼和莫琳的女儿塔西降生之后麻烦就更多了。

1981年初，吉姆的病休再加上塔西的吵闹不停，托尼意识到自己不仅要承担两个人的工作量，他还得制订更多的计划来扩大公司规模。托尼说："孤独星球当时处在灾难的边缘，我同时需要兼顾家里和公司，最后都筋疲力尽了。"

托尼回忆道："幸运的是，那年年末，我们出版了我们的第一部印度指南，情况飞速好转。我们几乎把整个公司都押在这本书上了。这本书比以前我们出版的任何一本指南的内容都更详尽。所幸我们在印度取得了重大而广泛的成功，售出的书也比其他任何题材的数量更多，价格更高。"

步入正轨

公司渡过了难关之后，1982 年，惠勒打算将 192 页的澳大利亚旅游指南重新包装为 576 页的鸿篇巨著。这本书的发行时机很好。孤独星球的很多书的发行时机都让其获得了意外收获：《鳄鱼邓迪》(*Crocodile Dundee*)就是因为在发行之后推动了澳大利亚的旅游业的发展，并进而又售出了 6 万册。

1981 年在墨尔本里士满(Richmond)的办公大楼外，孤独星球的团队日益发展壮大。托尼仍在最前面，莫琳正抱着他们的小女儿塔西

就在这一时期，孤独星球为员工配备了电脑，公司进入了电子时代。当公司员工习惯了电脑以后，麻烦就产生了：员工的工作任务需要重新分配了。托尼说："原来，编辑部和设计部有着明确的分工，即编辑处理文字，设

计师负责排版。但是突然间电脑把这些工作都做了,而不需要人了。那谁来监督电脑的工作啊?”

当惠勒夫妇认为他们有能力解决新技术所带来的问题时,他们决定在美国建立办事处,并于 1984 年迁往洛杉矶。托尼回忆说:“回首往事,当初决定在美国建立销售部发展海外销售虽然勇气可嘉,但却略显冲动。因为当时孤独星球只有不到 12 个员工,还不具备跨国经营的能力。”

> 回首往事,当初决定在美国建立销售部发展海外销售虽然勇气可嘉,但却略显冲动。

无论是欠考虑还是其他,惠勒夫妇现在又有了他们的儿子基兰,快一岁了。直到他们的美国办事处建成,他们还在质疑自己当初的决定是否莽撞。他们从来没想过要去开拓自己的市场。1984 年的时候,他们只打算离开澳大利亚,在加利福尼亚州的伯克利(Berkeley)开个店。托尼透露:“我们的美国计划本身很简单:我和莫琳打算去洛杉矶建个办事处,找人经营,然后我们回到澳大利亚,卖出更多的书。”

当然,说起来容易做起来难。签证的申请就是首要难题。最后,一位美国使馆的官员建议他们办一张为期六个月的旅游签证,而不是申请出国。该官员告诉托尼:“别想通过法律途径申请美国签证,那样我们会盘问你们的详细情况,即使那样也不会发给你们签证的。”

美国办事处的销售额并没有像夫妻俩想的那样迅速增长,显然,现在需要他们自己做分销了。他们雇用了罗伯特·谢尔登(Robert Sheldon),一个人们不会轻易忘记的销售奇才。托尼说:“我们不得不说,他的职业生涯很精彩。至今我都不太记得罗伯特是怎么进入孤独星球的,但他很快就成为我们公司的兼职顾问。”

1985 年 3 月初,美国的销售部在慢慢成熟,但仍旧入不敷出。惠勒夫妇还面临着一个难题:他们的签证就要到期了。托尼说:“鉴于这一年的期限,我们想了一个办法,我们先离开美国几个月,然后再办个六个月的签证来美国。”

注定回国

1985 年，惠勒夫妇回到澳大利亚后发现他们的公司脱胎换骨了。合伙人吉姆不仅使公司正常运转，而且还使公司面貌焕然一新。有时托尼无意间表现出好像他们回来是要重新掌控公司主导权的，双方就会争吵起来。

然而，情况很快又恢复到平稳状态。解决了美国办事处的一些麻烦之后，托尼决定改进他的旅行指南——印度指南当然是首选。

对于托尼来说，印度之行不同寻常：不仅仅是因为他被奇特而凶猛的印度神牛顶断了两根肋骨，而且因为这是他头一次听说有关自己死亡的传闻——他担心这会是个魔咒，所以常常会有停止旅行的念头。

“一天晚上，我们一群人在宾馆的餐厅吃饭，一对夫妇说一周之前他们在印度南面听说我遇害了。我忘了我是怎么死的，好像是死于火车相撞事故。我一笑置之。但是几周之后，在普什卡(Pushkar)的一家餐厅，又一对夫妇告诉了我同样的故事，只是死因不同。我再一次一笑了之。尽管我认为听到一次关于自己的死讯纯属巧合，但是听到两次就绝非偶然了。”

第二年，他们在美国的努力开始有所回报。托尼说：“订单增加了 1/3，而销售额却增加了一倍，并且头一次有了看得见的利润。”

1984—1985 年度公司利润只有 2 万英镑(2.6 万美元)，第二年，孤独星球的利润即飙升至 25 万多英镑。毫无疑问，孤独星球抓住了全世界读者的心。到 1991 年，孤独星球决定进军欧洲大陆市场。托尼说：“事实上，我们在图书进入欧洲大陆市场之前就已经有欧洲办事处了。”

> 毫无疑问，孤独星球抓住了全世界读者的心。

然而，这个想法很快就被纠正过来——1987 年以来，公司一直在考虑出版欧洲指南，直到 1993 年才发行了他们的欧洲系列，包括斯堪的纳维亚、东欧、西欧和欧洲地中海的指南都横扫书店货架。

事实上，欧洲指南的发行很好地实现了他们当初的计划，但是尽管如他们所愿卖出很多书，却并没有引发轰动效应。然而几年之后，他们的第一版英国指南的发行做到了。《星期日泰晤士报》详细报道了该书对英国的一些批评之后，世界为之一震。“从女王对室内装饰的品位到位于康沃尔(Cornwall)的 Land's End 公司的不良发展势头，他们都进行了批判。”

随后，这本书不仅在英国掀起了一股热潮，在澳大利亚和加拿大也同样如此。澳大利亚人认为英国人太敏感，他们的殖民主义思想还没有完全消失；而加拿大人很喜欢看到上述两国的对峙，在旁观望。

惠勒夫妇进军欧洲大陆市场很大程度上是因为他们不想卷入竞争。企鹅图书(Penguin Books)购买了概略指南(Rough Guides)公司的控股权。托尼说：“我们在英国市场上的竞争对手有了有钱的靠山。”企鹅集团企图通过大胆地削减价格来占领市场：是我们该出手的时候了。

“我们打算正面回击概略指南。我们把他们的欧洲游书籍按销量排好，由高到低个个击破。”结果，2000 年，有关欧洲游的书籍的销量，孤独星球比它的竞争者更胜一筹。

1998 年为了庆祝孤独星球的新版伦敦导游手册的发行，一辆出租车上印上了“孤独星球”字样

化腐朽为神奇

这时，孤独星球出名了。莫琳说：“商学院的学生以孤独星球为案例来分析它成功的原因。”史蒂夫·希巴德(Steve Hibbard)就是其中的一个学

生，他建议惠勒夫妇让他在公司实习半年，研究如何才能使公司更高效地运作。实习之后，他留在孤独星球任 CEO，一干就是十年。

在史蒂夫任职期间，孤独星球犯了一个错误，这个错误差点毁了公司。拼写错误是每个出版社的致命伤。但当孤独星球发现他们出版的西欧指南封面上有拼写错误时，他们面临着两难境地。"因为这本书有 1 276 页，而当时我们已经印刷了 4 万册，才发现书上赫然写着'Westen Europe'，而不是'Western Europe'。"

现在就该他们做决定了，是返回重印，还是用贴纸覆盖错误，抑或是直接承认错误呢？孤独星球采取了更好的办法：他们将劣势变为优势。

托尼想出了一个好办法。他们在书中夹了张书签，上面印有虚构的场景：两个仓库保管员在讨论"Western"的拼写。其中一个说："好像有人出了大差错。"图片的下方是另外一个虚构的场景——一次出版会议。其中，CEO 史蒂夫建议说："我们只能承认错误，在书中夹上一张小纸条，并开个小玩笑。"结果，这本书很快销售一空。托尼说："有些报道说这本书可以成为收藏品了。"

也正是孤独星球的这种冒险精神，使得这个品牌成为新技术的开拓者。1994 年 10 月，在庆祝公司成立 21 周年的生日会上，孤独星球创办了自己的网站。这个网站比雅虎（Yahoo）早建一个月，并且成为第一批在网上登载广告的网站，孤独星球也很快赢得了自己的第一个网络奖项。

从那以后，科技在孤独星球的发展中起到了至关重要的作用。网站的荆棘树论坛（Thorn Treen Forum）成为旅游者寻找和分享见闻的第一站。托尼更成为第一个撰写博客的人。他在游美国的时候带着笔记本，所到之处他都会写进网络博客里。

> 科技在孤独星球的发展中起到了至关重要的作用。

1992 年，试点出品公司（Pilot Productions）找到惠勒夫妇，想制作一部孤独星球自己的电视连续剧。得到多方的投资之后，连续剧在第四频道播出。按照托尼的话来说，"尽管赚的钱不多"，但由不知名的兰·赖特（Lan

Wright)执导的连续剧为孤独星球增色不少，使孤独星球成为越来越被人们认可的多媒体品牌。

灾难来袭

2001年的最后几个月可以说是孤独星球的困难时期。1998年年底，他们的长期合作伙伴吉姆的离开使公司几近瘫痪。好在，澳大利亚广告业传奇人物约翰·辛格尔顿（辛格）(John Singleton)的加盟平息了混乱。因为辛格在澳洲很有名气。随着双子大厦在烟雾和恐惧中被炸毁，孤独星球的希望也随之被摧毁。

“9·11”给他们带来了新的挑战：人们不敢乘坐飞机，不敢离开对他们来说相对安全的地方。“9·11”之后，公司业务受到了重创，旅游业几乎陷入停滞，孤独星球也被迫采取了一些节省开支的措施。托尼回忆道：“我们需要寻求节省开支的办法，于是我们停办了一部分季刊，对我们认为会面临游客减少或可以推迟发行的地方延迟了供应，暂停新员工的招募工作，并且寻求其他削减开支的办法。”

SARS、巴厘岛的爆炸、伊拉克战争以及马德里爆炸都威胁着孤独星球的生存。他们认为唯一可做的就是大量地裁掉美国和英国办事处的员工，后来在2003年又削减了澳大利亚的员工数量。

五年以来，孤独星球又进行了许多变革：2007年10月，报道说惠勒夫妇以4 000万英镑（7 400万美元）的价格将孤独星球卖给了英国广播公司(BBC Worldwide)，但他们仍持有25%的股份。BBC的这一举动遭到了质疑，在其付费大众中间引发了激烈的讨论。他们想知道BBC是如何投资私营企业的。

而在当时，这对夫妇认为他们的决定很正确。他们对《时代周刊》讲：“我们正在慢慢变老。由BBC接管孤独星球，孤独星球将会有长远的发展。我们认为BBC会与我们有着相同的想法与价值观，引领孤独星球再上新高。”

莫琳和托尼通过再版他们的第一本书《鞋带上的东南亚》来庆祝孤独星球成立 13 周年，图片由 Fairfaxphoto 提供

孤独星球目前境况如何？

尽管惠勒夫妇已经售出公司的大部分股份，孤独星球仍然是世界领先的旅游出版社之一。2008 年初，一个“捣蛋鬼”作者说他“没去过任何一个他所写的国家”，他只是“点击鼠标就可以获得所需的信息了”；事实上，他只负责书中有关历史的部分，这项工作只需要搜集书面资料。笑对这场尴尬之后，孤独星球变得越发强大，先后出版了旅行手册、常用语手册和八种语言的地图册，在三个办事处拥有 500 名员工和 300 多位作者。他们的第一本书《便宜走亚洲》蕴涵着丰富的人生哲理：“你所要做的就是决定出发。既然最艰难的部分已经完成了，那就出发吧！”这个哲理同样适用于孤独星球的发展。

希尔顿酒店

——成为我们的顾客吧

创 始 人：康拉德·希尔顿(Conrad Hilton)

创始人开始创业的年龄：32 岁

背　　景：旅馆经营、银行业

创立年份：1919 年

公司类型：酒店服务

创立国：美国

目前涉足经营的国家：全球 74 个国家和地区

营业额及利润：不详

1919 年，康拉德·希尔顿打算购买一家银行，但让他没想到的是他买下的却是人生中的第一家酒店。大约一个世纪之后，希尔顿酒店集团(Hilton Hotels Corporation)已经成为“客户服务”和“豪华酒店”的代名词，它在全球 74 个国家和地区拥有 3 000 多个酒店和超过 50 万间客房。在酒店服务创新的许多领域，希尔顿酒店已经走在了前头，与此同时，希尔顿也一直秉承着康拉德的经营理念，那就是“我们要让酒店的光芒和温暖洒满全球，这一直是我们的职责，过去是，现在是，将来也是”。

一切从莫布利酒店开始……

康拉德从事酒店行业的起点并不高。“一战”期间参军入伍之前，康拉德和他的父亲在新墨西哥经营着一家小旅馆。当时之所以会开办这家小旅馆，是因为康拉德的七个兄弟姐妹陆续离开了家，康拉德的父亲想通过出租这些空闲房间的方式帮助家庭渡过经济难关。

1919 年，康拉德购买了位于得克萨斯州锡斯科(Cisco，Texas)的莫布利酒店，但他的初衷仅仅是想购买一家银行。他已经按照和银行经理的约定准备好了部分资金，并打算和朋友一起筹集余下的部分，但最后银行经理却提高了价格，最终使得康拉德退出了这场交易。那天晚上他本来打算在莫布利酒店住下，但不巧的是酒店已经住满了。因为当时正值得克萨斯州石油业繁荣时期，所有的房间都以八小时制租给了那些有住宿需要的人。康拉德觉得这种一天可以三次出租酒店房间的营业方式比经营一家银行更好，于是他找到酒店的老板，要求买下这家酒店。由于酒店经理莫布利(Mobley)想进入石油行业，所以他接受了康拉德的收购方案，就这样康拉德用已有的 3.5 万美元(大约相当于今天的 44.5 万美元或 23.8 万英镑)买下了莫布利酒店。

康拉德觉得这种一天可以三次出租酒店房间的营业方式比经营一家银行更好，于是他找到酒店的老板，要求买下这家酒店。

康拉德很快着手经营酒店。在了解到顾客的需求之后，他将未使用的餐厅也改造成为客房，并为那些需要很快回去工作的石油商人提供快餐服务。

在经营莫布利酒店仅仅一年之后，康拉德就已经收回了投资成本并且很快开始扩展业务。但他并没有建立一个像现在这样的全球连锁酒店，而只是在得克萨斯州扩展了酒店业务，进行连锁经营，因为在那里他看到了建立更高级的酒店可能带来的商机。

1923年，康拉德第一次有了建立小型酒店的想法。特别是看到美国西南部和得克萨斯州的酒店设施之后，他更加坚信了这一想法：酒店行业需要的是一流的连锁酒店。酒店必须让顾客住得更加舒服，并且要能以最小的成本为顾客提供最好的服务，使他们更加满意。

基于与生俱来的商业头脑，康拉德在1924年开始建立第一家连锁酒店——达拉斯希尔顿酒店(Hilton hotel of Dallas)。1925年8月，达拉斯希尔顿酒店开业了，而且很快取得了成功。所以在那之后不久，康拉德就开始找寻另一个地方建立希尔顿酒店。

由于西得克萨斯州的不断发展，康拉德对阿比林(Abilene)这个城市印象很深刻，在经过了一番仔细的市场调查之后，他选择在这个地方建立了第二家希尔顿酒店。1927年9月，拥有275个房间的阿比林希尔顿酒店——另一个现代化酒店——开业了。之后，康拉德又相继在得克萨斯州的沃思堡(Fort Worth)购买了梅尔巴酒店(Melba Hotel)，在达拉斯买下了华尔道夫(Waldorf)酒店。康拉德把这些由他还原了真正美丽的旧式酒店称为他的“贵妇人”。

康拉德的成功缘于他的想象力和创新精神。据报道，在康拉德创业的早期，他选择的是一些具有独特声誉的酒店。他说：“我在考虑购买酒店时看中的是酒店的传统，并且要好好地利用它。”

经济萧条来袭

经济大萧条严重影响着酒店行业，康拉德的连锁酒店处境也十分艰难。康拉德原本计划每年开设一家新店，但是在宣布要斥资175万美元在埃尔帕索(EL Paso)新建酒店后不久，股票价格暴跌。康拉德几乎失去了一切：他负债50万美元并被迫放弃了自己的很多财产。在经济危机的早期，康拉德几乎将自己的精力全部放在了事业上，而这导致了其婚姻的失败。1934年，康拉德和他的妻子玛丽·希尔顿(Mary Hilton)离婚了。

由于贷款无法偿还，康拉德的酒店被位于得克萨斯州加尔维斯顿(Galveston)的穆迪连锁酒店(Moody Hotels)的拥有者穆迪家族没收了。之后双方签订了一个协议：希尔顿酒店和穆迪酒店合并为全国酒店公司(National Hotel Company)。康拉德被任命为资产组合经理并且拥有公司1/3的所有权，但是他与穆迪家族不稳定的关系最终导致公司于1934年解散。在公司解散时，康拉德由于其初始投资而得到了三家酒店和一部分现金，这样康拉德又有能力开始关注希尔顿酒店的成长和发展了。

经济大萧条时期，康拉德负债50万美元并被迫放弃了自己的很多财产。

到了1937年，康拉德开始时来运转，他用几年前购买的石油期权赚的钱偿还了债务，而且又购买了八家酒店。

一个忠诚的管理团队帮助希尔顿度过了经济大萧条时期，那时候他们同甘共苦一起管理公司，在相当长一段时间内不索取任何薪水，只有免费的食宿供应。大萧条前后，康拉德一直在为扩张寻找新的投资者、资金和市场。大萧条时期，康拉德依靠他的管理团队在改善了现有成本结构的同时，也保持和提升了标准。

重新开始扩张

1938年，康拉德收购了位于旧金山(San Francisco)的弗朗西斯·德雷克(Francis Drake)酒店，这是康拉德以希尔顿酒店的名义在得克萨斯州以外的地方买下的第一家酒店，从而开始了其在全国和全球范围内的扩张。与其说在全国范围内进行扩张是一次刻意的努力，不如说这是一个让人无法错失的交易：酒店的建成花费了400万美元，但却以27.5万美元(大约相当于今天的430万美元或230万英镑)的价格卖给了康拉德。此举也意味着希尔顿酒店开始以豪华酒店集团的姿态运营，并且将重心放在了商业游客身上。

1943 年，随着酒店在纽约的开业以及公司总部在洛杉矶（Los Angeles）的成立，希尔顿酒店在美国迅速扩张。这样的扩张使得康拉德在收购了纽约的罗斯福（Roosevelt）大酒店和广场大酒店（The Plaza Hotels）之后将希尔顿发展成为美国历史上第一家横跨全国的酒店。

收购弗朗西斯·德雷克酒店，意味着希尔顿酒店开始以豪华酒店集团的姿态运营。

1946 年，希尔顿酒店集团（Hilton Hotels Corporation）成立；接着在第二年，希尔顿酒店成为第一个出现在纽约证券交易所的酒店企业，而康拉德拥有大部分的股权，价值超过 900 多万美元（大约相当于今天的 1.01 亿美元或者 5 400 万英镑）。

1949 年，康拉德收购了酒店行业最顶级的华尔道夫酒店在纽约的分店，从而实现了他早期的一个梦想。康拉德曾经将华尔道夫酒店的图片放在自己的钱包里来激励自己，并最终实现了拥有这家酒店的梦想。

华尔道夫被誉为“最壮观的酒店之一”，该酒店 1949 年被康拉德所收购

热情服务传遍全球

1949年,随着加勒比希尔顿酒店(Caribe Hilton)在凤梨园鸡尾酒的诞生地波多黎各(Puerto Rico)的建成,人们见证了希尔顿酒店的全球扩张。这种扩张也预示着一个由康拉德·希尔顿领导的希尔顿帝国即将建立。

1953年,欧洲出现了第一家希尔顿酒店,但康拉德仍然在1954年以1.11亿美元(相当于今天的9.14亿美元或者4.89亿英镑)的价格购下了斯塔特勒酒店公司,以此来继续扩展他在美国的业务。在当时看来,这可是历史上最大的一笔房地产交易。这次收购使康拉德拥有的酒店数量达到了28个。

希尔顿扩张的另外一些里程碑式的事件还包括1959年希尔顿酒店首次出现在非洲,以及1963年在伦敦建成了全球最高的酒店——伦敦希尔顿酒店。康拉德在1966年的时候说过,他想要把酒店建在全球的每一个大城市。

1964年,希尔顿国际从它的母公司分离出来,这也就使得康拉德·希尔顿成为了希尔顿酒店集团和美国国内业务的总裁。希尔顿酒店集团和希尔顿国际集团签署了一个协议,双方规定,在美国,希尔顿酒店集团对希尔顿这个名字拥有独家使用权,而希尔顿国际在美国以外的全球其他地区拥有该名称的使用权。希尔顿国际和国内公司仍然沿着康拉德最初的设想继续对公司做出各自的贡献,并且都获得了很大的成功。

一个时代的结束

1966年2月,巴伦·希尔顿(Barron Hilton)开始担任希尔顿酒店集团的主席和CEO。1967年,巴伦说服他的父亲——希尔顿国际集团最大的股东,将自己的股权卖给了环球航空公司(TWA)以此来换取对方的股票。巴伦是一个航空爱好者,他认为TWA的股票会升值,但事实却是TWA的股票价格暴跌。这样的结果最终导致在那一年希尔顿国际被环球航空公司收购。

康拉德一直坚持每周工作六天，1979 年，在他 91 岁那年去世了。他去世的时候，他的事业王国已经从得克萨斯州的莫布利酒店发展到美国及全球其他 75 个国家，酒店数量达到了 185 家。

康拉德曾经说过："我一直坚信一个人要想成就大的事业必须先要有一个远大的理想。实际上，成功可能需要天时、地利、人和，否则你可能会白费力气。另外，成功也需要勤奋和真诚，否则你可能不会得到别人的帮助。或许成功会有运气的成分在，但是我现在可以很确定的是，如果你没有一个总的规划，你一定一无所有。"

希尔顿国际集团(Hilton International)以及全球扩张

希尔顿国际集团曾几度易手，包括环球航空公司和美国联合航空公司(UAL)，并最终在 1987 年卖给了莱德布鲁克集团(Ladbroke Group)。1999 年该集团将其名称改为希尔顿集团公共有限公司(Hilton Group plc.)。

截至 1987 年，希尔顿集团已经成为英国发展最快的连锁酒店。

从母公司分离出来之后，希尔顿国际集团仍然继续着它在全球范围内的扩张，分别于 1969 年在澳大利亚建立了酒店，1970 年在新加坡建立了酒店，1984 年在日本建立了酒店。1972 年，依靠在肯尼亚建立野生动物园的契机，希尔顿进一步提升了它的品牌知名度。1967 年，当约翰·列农(John Lennon)和大野洋子(Yoko Ono)在希尔顿阿姆斯特丹酒店提出著名的"床上祈福和平"行动时，希尔顿得到了全球更多人的赞誉。

截至 1987 年，希尔顿集团已经成为英国发展最快的连锁酒店。之后不久，1988 年希尔顿酒店第一次出现在了中国上海，从而加深了其在全球的扩张。

1994 年，公司对外宣布全球扩张的新计划是在原有的 200 多个酒店的基础上另外成立40家酒店。公司决定以城市中心、国际机场和豪华度假村为中心将公司发展成为顶级的酒店。

持续创新

当希尔顿国际集团，即后来的希尔顿集团（Hilton Group）在全球范围内不断进行扩张时，希尔顿酒店集团也一直践行着康拉德高瞻远瞩的计划，走在酒店业创新的前沿。

巴伦·希尔顿在希尔顿的融资和发展方面是一个先锋式人物，因为他创造出一种新的交易框架，而且这种框架结构最终在酒店行业越来越受欢迎。实际上，从产品到顾客服务，到公司运作，再到融资和酒店的管理，他在很多方面都是一个创新者。他不会放弃任何交易，即便这些交易在他的同龄人或者竞争对手看来几乎是不可能完成的。

巴伦的第三方所有人管理酒店的策略使得他的酒店帝国得到了快速的发展。

1970年，在以1.12亿美元的价格购买了位于拉斯维加斯的拉斯维加斯希尔顿（Las Vegas Hilton）和火烈鸟希尔顿（Flamingo Hilton）之后，希尔顿酒店集团成为在纽约证券交易所上市的第一家进入美国国内博彩业的公司。

> 巴伦的第三方所有人管理酒店的策略使得他的酒店帝国得到了快速的发展。

希尔顿还开始建立专门以美国郊区为目标市场的CrestHil，以此开启了新的连锁经营。CrestHil为以后的希尔顿花园连锁酒店打下了基础。

希尔顿酒店集团在行业内也引领了许多技术变革，诸如1977年HILTRON预订系统的推出和1985年希尔顿网络的发明，这两个系统创造性地实现了酒店、营业部和预订中心之间的同步预留与报告服务。1995年，公司在大型连锁酒店中第一个开办了自己的网站，又一次成为行业的领先者。这样就可以保证顾客在一天的24个小时内随时能够预订酒店。希尔顿拒绝固步自封,仍然扮演着行业领袖和革新家的角色,它和美国运通金融服务组织(American Express Financial Services)签署了协议,在同行业中第一次提供不收取报酬的酒店信用卡和希尔顿奥普蒂马卡(Hilton Optima Card)。这实际上也是将康拉德·希尔顿在19世纪50年代提出的全权信用卡的想法变成了现实。

1982年,随着康拉德国际酒店的成立,希尔顿酒店集团也将业务扩大到了全球市场。1996年,按照全球扩张的计划,公司开始建立200多个希尔顿花园酒店,旨在为中端市场的顾客提供舒适的入住环境。1996年,公司收购了巴利娱乐集团(Bally's Entertainment Corporation),从而通过娱乐业开始了进一步的全球扩张,这使得希尔顿成为全球最大的博彩公司,并因此进入了利润丰厚的大西洋市场。这一举措非常成功,于是公司在1998年成立了一个专门面向博彩业的公园娱乐(Park Place Entertainment)公司,并最终发展成为恺撒娱乐(Caesar's Entertainment)公司。这个独立的公司管理着集团旗下的很多公司,包括希尔顿酒店、火烈鸟酒店和巴利赌场酒店(Bally branded hotel-casinos)。

两个公司,一个品牌

虽然希尔顿酒店集团拥有希尔顿名称和商标的独家使用权,但是和希尔顿国际之间仍然有一些共享的计划,包括公司所做出的一些行业创新。除了一些先进的技术平台,其他和顾客有关的活动比如积分兑换项目等都进一步提升了希尔顿在希尔顿酒店和希尔顿国际集团之间提供无缝顾客体验活动的能力。这一方案是世界上第一个允许顾客在希尔顿酒店累计积分的同时也可以用这些积分换取机票的制度。积分兑换活动最初是在1987年由希尔顿酒店集团倡导的,这个活动进一步提升了希尔顿品牌的价值和权威,同时也巩固了希尔顿作为行业创新领袖的地位。

1997年,希尔顿酒店集团和希尔顿集团公共有限公司组成联盟,这是32年以来首次将希尔顿的名称统一起来,并且允许旗下的公司使用统一的品牌运营。1998 年，两家公司有了新的统一的商标标识和品牌。在客户眼中，两家公司也开始进一步结合起来，更好地利用中央预订系统为顾客服务。

位于曼彻斯特的现代希尔顿酒店

由于对公司的发展做出了承诺，1999 年，希尔顿酒店集团以 37 亿美元的价格收购了普罗米斯酒店集团(Promus Hotel Corporation)，这使得希尔顿在美国 50 个州拥有了 1 800 多个酒店。希尔顿在收购了普罗米斯酒店后不久便宣布要使用新的中央预订系统(Hilstar)以代替之前使用的 HILTRON 预订平台。

国际化需要创新

2005 年，也就是两家公司联合运营了七年之后，希尔顿酒店集团以 33 亿美元(18 亿英镑)的价格收购了希尔顿集团公共有限公司的股权，恢复了康拉德·希尔顿于 1953 年所创建的统一的希尔顿公司的局面，这使得希尔顿酒店成为全球五大酒店之一。

通过两个公司的合并，希尔顿酒店集团成为世界上地理分布最为广泛的酒店之一。公司在全球80个国家拥有大约2 800个酒店和47.5万个客房。希尔顿的品牌例如希尔顿、华尔道夫酒店、康拉德、圣路易双树(Doubletree)旅馆、使馆套房(Embassy Suites)酒店、希尔顿花园酒店、霍姆伍德套房(Homewood Suites)酒店、汉普顿酒店(Hampton Inn)和希尔顿度假俱乐部(Hilton Grand Vacations Club)等都已经成为值得信赖的品牌。

通过两个公司的合并，希尔顿酒店集团成为世界上地理分布最为广泛的酒店之一。公司在全球80个国家拥有大约2 800个酒店和47.5万个客房。

2006年2月，收购计划完成，斯蒂芬·博伦巴克(Stephen Bollenbach，1996年成为公司总裁兼CEO)说："这是公司历史上具有深远意义的一天，因为经过40多年的奋斗，公司又一次成了全球性的酒店集团。"

黑石集团参与

随着希尔顿在酒店行业发展成为最具影响力和最值得信赖的品牌之一，重组的希尔顿酒店集团越来越受到顾客的欢迎，同时也得到了一些优秀的投资公司的青睐。2007年7月，黑石(Blackstone)集团对外宣布将以每股47.5美元的价格，用现金支付的方式斥资260亿美元收购希尔顿酒店集团。黑石集团是一家全球领先的另类资产管理公司及金融咨询服务提供商，经营着全球许多著名的行业品牌。在收购计划完成之后，黑石集团成为了世界上最大的酒店集团的所有者。

宣布合并之后，希尔顿酒店公司的股价上涨了26%，在2007年的10月24日希尔顿终止了在纽约证券交易所的交易。考虑到公司的未来，黑石集团的高级常务董事乔纳森·格雷(Jonathan Gray)宣布，公司将"投资于希尔顿，并与希尔顿的杰出股东和经销商合作，致力于公司业务的发展和壮大"。

而这次扩张的发展速度就和公司早期的发展状况如出一辙。

希尔顿目前境况如何?

2008年希尔顿宣布成立新的高级领导团队,目的是"使希尔顿成为全球最好的酒店公司"。这种对于公司预期成长的看重和强调,勾画了希尔顿品牌的未来发展愿景以及它所代表的一切。

希尔顿还宣称要致力于其在全球的可持续发展。随着酒店遍布70多个国家,一年为2.5亿多位顾客提供服务,希尔顿宣称他们会对全球业务的持续发展产生重大的影响。

未来的希尔顿将继续致力于集团的全球扩张和创新。虽然最近希尔顿组织的领导权和所有权发生了变动,但是集团在发展与创新方面的表现仍然很好地展示了公司的传统与使命,即通过康拉德"让酒店的光芒和温暖洒满全球"的经营理念使希尔顿成为全球旅行者的第一选择。

宜　家

——一个家具帝国

创 始 人：英格瓦·坎普拉德(Ingvar Kamprad)

创始人开始创业的年龄：17 岁

背　　景：少年企业家、销售火柴

创立年份：1943 年

公司类型：家具零售

目前涉足经营的国家：全球 36 个国家

营业额：168 亿英镑(300 亿美元)

你一定已经对宜家(IKEA)有了一个不错的印象，你很有可能曾经去过宜家的一家店铺，也曾花费几个小时的时间来组装一些平板家具。但你或许不知道这个规模庞大、取得了巨大成功的企业是由一个给人留下深刻印象的 17 岁少年创建的，并且他借鉴福音派的思想形成了一种热情服务的企业文化。欢迎来到宜家的世界。

然而，宜家的起点即便不能算很低的话，也可以说是平淡无奇。你现在坐着舒服吗？（宜家的椅子给你提供这种服务供您选择。）

少年创业

英格瓦·坎普拉德在起家之后没几年就碰上了 20 世纪 30 年代的经济大萧条，而这一经济危机严重影响了他的生活和商业热情。1926 年，英格瓦·坎普拉德出生在瑞典南部城市斯莫兰(Smaland)的一个叫阿干那瑞(Agunnaryd)的小村庄。他在埃姆瑞特(Elmtaryd)农场长大，在那样一个全球经济不稳定和物资匮乏的时期，英格瓦很快就意识到节俭的重要性并很早就展现出了过人的创业天分。

在英格瓦只有五岁的时候，他就开始购入大量火柴并骑着自行车到处兜售，从中获利。很快，他就对销售东西着迷了。之后他扩展了他的生意范围，开始卖圆珠笔、钢笔、圣诞卡、鱼、园林种子和越橘（下一次当你到宜家参观的时候，你可以去看一下越橘果酱食品商店）。

“我觉得自己可能确实有点古怪，因为我开始做生意的时候真的太小了。我的姑姑帮助我在斯德哥尔摩(Stockholm)的 88 欧尔集市上，花了 88 欧尔买下了第一批火柴，然后我以 2 欧尔到 3 欧尔、有时候 5 欧尔的价格卖掉，这样我从中就可以挣到 1 欧尔或者 2 欧尔。提到这些利润差额，我现在仍然记得那种喜悦的感觉。”在《宜家家具帝国传奇》(*Leading by Design, the IKEA Story*)一书中，他回忆说：“那时我从来没有以高于 5 欧尔的价格销售过。”

令人吃惊的是，在英格瓦取得了较大成功的时候，他的家族正经历着极大的不幸。他父亲的兄弟，亲爱的埃里克(Erich)叔叔像他的祖父一样自杀了。之后他生命中“沉默不语的女英雄”——他的母亲由于对他祖父的怨恨再加上癌症的打击在 53 岁时也去世了。除此之外，英格瓦还在诵读方面存在困难。

正如坎普拉德欣然承认的那样，他的身上流着商人的血。他的母亲在艾尔姆胡尔特(Almhult)一个著名的商人家庭长大，父亲和他爱戴的、对他产生了重大影响的祖父卡尔·伯纳德·尼尔森(Carl Bernard Nilsson)是艾尔姆胡尔特最大的乡村商店的店主。

正如坎普拉德在《宜家家具帝国传奇》中所提到的那样，“这个老式的乡村商店有四到五个帮手，经常会闻到鲱鱼、太妃糖和皮革的味道。不管是天上飞的还是地上跑的东西都可以在这里买得到，甚至包括炸药。祖父从没有对我提过任何要求，有时候我会一整天都待在商店里。不幸的是，他在生意场上就如同他在我的发明世界中一样善良无欺。他觉得难于开口去要账。卡尔·伯纳德·尼尔森的店已经不复存在了，但在某种程度上可以说是被宜家取代了”。

宜家的创始人英格瓦·坎普拉德

宜家起家

英格瓦17岁那年，他的父亲给了他一些钱以此来奖励他在学业方面的成功。英格瓦用这笔钱成立了之后的宜家。宜家(IKEA)这个独特的名字就是由他自己名字的首字母和他成长的地方的第一个字母组合而成的，I代表英格瓦(Ingvar)，K代表坎普拉德(Kamprad)，E代表埃姆瑞特(Elmtaryd)，A代表阿干那瑞(Agunnaryd)。

就这样，1943年，英格瓦创建了宜家公司，公司主要的业务就是通过邮购的方式销售商品。

英格瓦走遍了瑞典南部找寻可以销售的商品(不是从家具开始),之后他开始为他的邮购商品做广告,从而播下了宜家商品目录册的种子。他在服役期间继续从商,并且收到了比其作为上校所收到的邮件还要多的订单。

早期的宜家店铺标识

对英格瓦而言,1948 年是关键的一年。在这一年他开始替他家附近的一家家具制造厂销售家具,他制作了一些小的手册,称为宜家新闻,来为包括沙发床和水晶玻璃吊灯在内的商品做广告。由于英格瓦有诵读困难,很难记住商品的订单号码,所以他觉得让这些家具都有自己的名字可能会使问题变得简单〔这也可以用来解释毕利(BILLY)书柜的来历〕。床、衣柜和大厅家具以挪威的地名命名;桌椅用男士的名字来命名;材料和窗帘用女性的名字命名;花园家具(garden furniture)用瑞典岛屿的名称命名。

> 由于英格瓦有诵读困难,很难记住商品的订单号码,所以他觉得让这些家具都有自己的名字可能会使问题变得简单。

随着公司业绩的不断增长,那年晚些时候,英格瓦雇用了第一名员工帮助他处理一些事情,两年的时间公司已经拥有了八名员工。1951 年,公司出版了第一本宜家目录并且决定将公司的重心放在家具和家居产品的生产上。这一决定效果显著,公司业绩飞速增长。到 1959 年,公司已经拥有了 100 名员工。

在《宜家家具帝国传奇》一书中,英格瓦这样解释将公司重心放在家具行业的决定:"一次偶然的家具交易——我当时进行这场交易只是想模仿竞争对手——决定了我的命运。事实上,我最终选择了这个行业是我一生中最为高兴的一件事情。最初我的兴趣仅仅在于单纯的交易:尽可能销售便宜好看的家具,直到有了第一次投诉我才意识到我忽视了质量问题。总有一天它会让我得出某些结论并且选择另外一条路。”

新的方向

到了20世纪50年代早期,邮购业务的竞争越来越激烈,这就使得竞争者开始以较低的价格销售质量较差的产品,而这种竞争行为对厂商和消费者都是不利的。这正好成了宜家经营中创新和逻辑变化的推动力——宜家决定要创造一个永久性的、可供顾客在购买产品之前就看到产品的空间,而这与邮购带给人的感觉大不相同。

1953年,英格瓦在瑞典的艾尔姆胡尔特创建了第一家宜家商店。宜家体验的核心就是:为顾客提供更多物美价廉的商品,并使得他们能够在真正的居室环境中看到、触摸到这些家具。

“据我所知,将邮购和家具店合为一体的商业创意还没有在其他任何一个地方付诸实施,我们是第一个。”英格瓦非常自豪地说。他如此自豪也是理所应当的。

这一创意的影响立竿见影而且给人留下了深刻的印象。他在开业典礼上为顾客提供咖啡和面包的方式也是至关重要的,这为今天广受欢迎的宜家商店餐馆奠定了基础(第一家商店餐馆于1960年在艾尔姆胡尔特成立)。

> 宜家体验的核心就是:为顾客提供更多物美价廉的商品,并使得他们能够在真正的居室环境中看到、触摸到这些家具。

另一个影响深远的决策也来源于激烈竞争的威胁:1965年左右,竞争者们开始以降价的方式和宜家竞争,并号召供应商抵制宜家,令人称妙的是,此时英格瓦开始自己设计家具,从而将威胁变成了机遇。

平板包装革命

他们开创性的平板包装理念是在某个灵感突发时刻得到发掘的，今天，它已经演化成为一个公司的传奇。公司的绘图员吉利斯·伦德格伦(Gillis Lundgren)发现，试图将一个木桌搬进车以便安全运送实在有些困难。“哦，天哪，”他很无奈地说，“那就把桌腿卸掉，然后放在下面吧。”

以居室风格摆放的宜家早期家具

或许这个创意不能和爱因斯坦的相对论相提并论，但它却成为宜家一个很重要的卖点：现在宜家已经进行了开发和设计，以便于在未组装的情况下进行包装，从而可以将劳动力成本、运输和仓储费用的节约让利给消费者，使宜家能够以低于竞争对手的价格销售家具。除了成本方面的优势，平板包装的发明还有利于节省资源，因为这样一辆货车就可以运送更多的货物，从而减少了道路上的货车数量。2006 年，宜家为平板包装设计发明 50 周年进行庆贺，现在这个创意已经在家具行业得到了广泛应用——这真是一个具有革命性意义的发明。

在接下来的几年时间里，宜家在全球范围内飞速扩展。平板包装意味着宜家的家具可以以相对便宜的价格运送，而且让消费者自己在家组装家具的想法也将消费者纳入了价值链当中，这些节约理念带来的是成本的削减。这一点对欧洲市场的扩张十分重要，因为那里的消费者更喜欢这样的消费方式。宜家几乎以每年进入一个国家的速度成长着：1969 年进入丹麦，1973 年进入瑞士，1974 年进入德国，1975 年进入澳大利亚，1976 年进入加拿大，1977 年进入奥地利，1979 年进入荷兰。宜家采用的方法简单但却具有战略意义：宜家是第一个在目标国家与供应商建立了供应链关系的企业，以此来获得法律、文化、经济和政策方面的支持和帮助，从而有利于它在目标国更好地经营。1965 年，宜家在瑞典首都斯德哥尔摩建立了最大的店面，该店占地 31 000 平方米，并且受到纽约古根海姆(New York Guggenheim)博物馆的启发，设计成了圆形。它的出现本身就是一个大事件，吸引了数以千计的顾客。它的巨大成功导致了自助式仓库的出现——这是家具行业一个较新的概念，是宜家理念的一个重要组成部分，这种方式允许消费者自我服务。

> “据我所知，将邮购和家具店合为一体的商业创意还没有在其他任何一个地方付诸实施，我们是第一个。”

生意繁荣

1981 年巴黎成立了第一家宜家店，一年之后，英格瓦决定改变公司的组织架构，成立宜家集团。这样就使得宜家保留了私有化的特质，英格瓦认为这一点对于企业的成长至关重要，因为私有公司比公募公司做决策的速度更快。

随着宜家不断地扩张，宜家的很多标志性产品诞生了：从 1976 年的波尔姆(POEM)椅〔也就是之后的波昂(POANG)摇椅〕到 1978 年的毕利书柜，这又一次体现了英格瓦在产品名称上的创造性，这些名字让人过目不忘。

随着公司业务的不断增长，英格瓦一直以来所持有的对于人生目标的近似于福音派的理念也在不断渗透。在 1976 年出版的《一位家具经销商的信仰》(*The Testament of a Furniture Dealer*)一书中,他详尽地记录下了宜家的经营愿景。在这本书出版的那一年,英格瓦把它作为圣诞礼物送给了公司员工,直到现在,新员工加入企业时,公司都会郑重地送出这本书。公司要求员工必须充分利用好一天当中的每一个十分钟:"你可以在十分钟内干很多事情,十分钟一旦流逝将永不复返。将你的人生以十分钟为单位进行分割,尽可能不要将它浪费在一些没有意义的事情上。"

到1984年,宜家目录的印刷数量直线上升,已经达到了4 500万册。据说目前这个数字已经超过1.9亿,成为世界第一,其产品范围已经达到9 500多种。

光顾宜家的成本是可以提前预测的。你出发前本打算只花50英镑,但是当看到琳琅满目的商品时,你就会眼花缭乱,在沿路宜家的小铅笔的指引下和订单表的帮助下,光在书架、冰盘和画板上的花费可能就要足足花去500英镑。

宜家人努力地工作,从而不仅使宜家的产品与简单生活和物美价廉相关联,也让宜家在公众心目中拥有了一种积极参与社会、环境以及慈善活动的形象。在最近的15年,宜家已经举办了很多活动,并与"救助儿童"(Save the Children)和联合国儿童基金会(UNICEF)等机构合作参与儿童救助工作,与世界自然基金会(WWF)合作号召大家保护森林,禁止非法砍伐树木从而减少温室气体排放。

1986年,英格瓦卸职,让位于新总裁兼CEO安德斯·莫伯格(Anders Moberg),莫伯格的任期一直到1999年。作为宜家核心领导层中的一员,莫伯格已经和英格瓦共同工作了30年,在他任职期间他仍然秉承了宜家激进的海外扩张战略,成绩斐然,将宜家的触角又伸向了英国、意大利、匈牙利、捷克、波兰、西班牙和中国。莫伯格之后离开了公司,让位给了现在的CEO安德斯·代尔维格(Anders Dahlvig)。

当然,宜家也并不是一个毫无争议的企业。1994年,瑞典《快报》(*Expression*)披露说英格瓦和瑞典极右政治运动的领导人、公开的亲纳粹主义分子恩达尔(Engdahl)是好朋友,他们的关系非常好,恩达尔曾经在1950

年受邀参加了英格瓦和他第一任妻子克斯廷(Kerstin)的婚礼。英格瓦承认他们的朋友关系是他年轻时犯下的一个错误。在他给公司员工的一封名为"我一生中最大的错误"的信中,他恳求大家的原谅。他解释说,那是让他十分后悔的一段人生经历,所以在几次纳粹风格的会议之后他改变了这样的生活。在他1998年出版的《宜家的历史》(*The History of IKEA*)一书中,他用了两章的篇幅来说明该事件。在该书出版之后的一次采访中他又一次恳求大家的原谅——在这件事情上他已经尽力了。

宜家的部分现代家具:ADEL白色家居厨房系列

宜家目前境况如何?

从向家人和邻居们销售火柴开始,英格瓦·坎普拉德逐渐建立了一个庞大的家具帝国,他在全球24个国家拥有253家店,在12个国家拥有32个特许经营权,销售的产品种类多达9 500个。

每年有超过5.6亿的顾客光顾宜家店,公司在全球54个国家有1 380个供应商。

宜家目录册的印刷数每年都会超过1.91亿,并用27种语言印刷成56个版本。在2008年《福布斯》杂志公布的世界富豪榜上,英格瓦·坎普拉德以310亿美元(约合170亿英镑)的净资产成为全球第七大富豪。

尽管宜家规模庞大,成绩斐然,但宜家仍继续以一种独特的商业文化运营着，这种文化是建立在一系列充满激情的理念之上的。其中之一就是讲求公平的理念。宜家经常开展平民周活动，在活动期间，公司的高管人员会在商店工作或者是为顾客做登记服务。就连公司的CEO也可能会出现在仓库做装卸工作。

英格瓦的宜家创业史不仅是一个成功的企业家故事，更是一个真实存在的商业奇迹。

苹　果

——一天一个苹果……

创 始 人：史蒂夫·乔布斯(Steve Jobs)和史蒂夫·沃兹尼亚克(Steve Wozniak)

创始人开始创业的年龄：21 岁和 26 岁

背　　景：两个电脑技术人员

创立年份：1976 年

公司类型：计算机

目前涉足经营的国家：世界各地

销售额：75.1 亿美元(40 亿英镑)

当来自圣塔·克拉拉〔Santa Clara，后来被称为“硅谷”(Silicon Valley)〕的一个年轻的计算机爱好者比尔·费尔南德斯(Bill Fernandez)在 1971 年把他的朋友史蒂夫·乔布斯介绍给史蒂夫·沃兹尼亚克时，几乎没有人会预测到这两个人将会成为 20 世纪甚至 21 世纪最具创新性的科技公司之一的缔造者。

起步

他们第一次会面后不久，乔布斯就对沃兹尼亚克十分着迷。这主要是因为他很快意识到沃兹尼亚克是他所见过的人中唯一一个比自己更了解电子技术的人，并且不久后他就发现这位新朋友的技能可能具有巨大的市场价值。

两人的第一次商业冒险是销售一种电子设备——“蓝盒”，这种电子设备能模仿电话公司的拨音信号使得打电话免费。这种“盒子”是沃兹尼亚克根据 1971 年 10 月《君子》(*Esquire*)杂志上的一篇文章而设计的，他们在加州伯克利大学宿舍里挨门挨户地推销这种“盒子”并分享利润。有人戏称，在一次设备演示过程中，沃兹尼亚克模仿德国口音并且假装是亨利·基辛格(Henry Kissinger)拨了梵蒂冈(Vatican)的一个号码找教皇。当电话另一端的人说，教皇在睡觉但可以唤醒他时，沃兹尼亚克慌忙挂断了电话。

虽然两人的第一次合作赢利丰厚，但是当时在惠普(Hewlett-Packard)工作的沃兹尼亚克却一直希望能够设计自己的计算机。1976 年初，沃兹尼亚克在 MOS 技术 6052 微处理器的基础上完成了他的第一款计算机设计。该处理器的成本只有 20 美元(大约相当于今天的 100 美元或 51 英镑)，这与当时在计算机爱好者中日益普及的价值 179 美元的英特尔 8080 芯片相比便宜多了。

沃兹尼亚克的第一部电脑设计完成之时恰好处于家酿计算机俱乐部(Homebrew Computer Club)的黄金时代。家酿计算机俱乐部是一个由计算机业余爱好者组成的团体，它由许多个人电脑策划者组成，像李·弗森斯坦(Lee Felsenstein)和亚当·奥斯本(Adam Osborne)都是它的成员。这两个人在第一次大量生产的手提电脑奥斯本 1 的开发过程中发挥了主要作用。沃兹尼亚克在家酿计算机俱乐部展示了他的设计，虽然当时这个设计只不过是很多电路板的集合，但乔布斯意识到他俩可以把这个设计在家酿计算机俱乐部以外的地方商业化。

该计算机的最终零售价大概只有 650 美元(325 英镑)，并且它可以运行一种早期编程语言程序 BASIC。这种计算机并没有显示器，但是它却能连接到用户的电视上使用。乔布斯想让沃兹尼亚克给惠普的老板提提建议，好让他俩的计算机能够商业化。但惠普的老板却以惠普公司不想进军那个市场的说辞拒绝了，于是乔布斯毅然决定他们俩应该独自进军那个市场。

为了筹集起步经费，两个人不得不都牺牲各自所爱：乔布斯以 1 500 美元卖了他那辆红白相间的大众汽车，而沃兹尼亚克则以 250 美元的价格卖了自己那台心爱的惠普 65 可编程计算器。此后不久，公司的名字便诞生了。当时，乔布斯正和他的朋友们驱车回家，突然乔布斯高喊说一个名字神奇地在他脑海中出现了：苹果电脑公司(Apple Company)。

很快这两个人就有了一个有兴趣的投资者——罗恩·韦恩(Ron Wayne)。他是乔布斯所在的视频游戏公司阿塔里公司(Atari Company)的首席设计师。然而两个星期后，韦恩却以乔布斯个性不稳定为由退出了。

乔布斯正和他的朋友们驱车回家，突然乔布斯高喊说一个名字神奇地在他脑海中出现了：苹果电脑公司。

这个打击并没有让乔布斯灰心，而是开始将苹果电脑在家酿计算机俱乐部进行会议兜售，并从保罗·杰伊·特雷尔(Paul Jay Terrell)那里得到了第一份订单。保罗·杰伊·特雷尔在加利福尼亚的芒廷维尤(Mountain View)拥有一家计算机零售店。该订单预订了 50 台电脑，每台定价为 500 美元(250 英镑)并以现金支付。特雷尔唯一的要求是：计算机要完全组装好。

乔布斯又一次展示了他处变不惊的气质。他获得了 5 000 美元的贷款，并成功地说服了电子零件分销商，允许自己在 30 天以内偿还价值 1.5 万美元的零配件款，苹果公司就这样完成了自己的第一笔交易。这次交易获得了 8 000 美元(大约相当于今天的 3.1 万美元或 1.7 万英镑)的利润，并最终引起了迈克·马库拉(Mike Markkula)这位风险投资家的注意，随后他向苹果公司提供了 9.2 万美元的投资资金。这些早期的利润也使得公司的创始人们获得了 25 万美元的美洲银行贷款来开展公司的新业务。

第二次援助

创业初期，乔布斯主要关注资金问题，而沃兹尼亚克则专注于技术研发工作。当第一款 Apple 机开始销售时，沃兹尼亚克早已开始设计他的第二款计算机样机了。到 1977 年 7 月，也就是第一款 Apple 机开始发售一个月后，沃兹尼亚克已经完成了他的第二款样机的设计。

> 创业初期，乔布斯主要关注资金问题，而沃兹尼亚克则专注于技术研发工作。

被称为 AppleⅡ的第二款计算机模型，其生产成本需要花费数百美元，这可是个难题。为了筹集资金生产 AppleⅡ，乔布斯试图将新成立的业务部门出售给当时业已成立的一个生产商 Commodore 商用机器公司。但他错误地估计了他的谈判能力并且要价太高，最终 Commodore 拒绝了这一提议。幸运的是，马库拉介入了该企业，于是他们在 1977 年 1 月 3 日申请成立注册了苹果电脑公司。

AppleⅡ的产品开发工作进展神速。乔布斯坚持要为该款计算机设计一个造型优美的标识，并最终促成了一个较为专业的设计方案，因为他认为这样的标识设计会使得产品对顾客更有吸引力。他邀请了里吉斯·麦金纳(Regis Mckenna)，并设计完成了目前为大家所熟知的这个标识。这是一个被咬了一口的苹果，他们认为没有比这更好的方式能让这个标识更像是个苹果而不是小番茄了。标识上的条纹设计如果采用黑白相间的方案，生产制造起来会比较容易，但是他们在标识上采用了水平彩色横条，因为这更有助于彰显计算机"出色的"色彩处理功能。当时，公司的 CEO 迈克尔·斯科特(Michael Scott)将这个标识称为"所有设计中最为昂贵的该死的标识"。

1977 年 3 月，苹果公司的这款计算机以每台约 1 300 美元(相当于今天的 4 680 美元或 2 510 英镑)的价格开始销售，并且一夜之间就获得了巨大的成功。美国各地的电脑爱好者们被计算机的迷人外壳、内置键盘和彩色图形处理功能深深吸引了。当时公司的广告中将这款计算机称为"适用于所有家庭"的一款计算机,它可以用于记账、玩游戏,甚至学算术。

这款电脑推出一年后,也就是在1978年,苹果公司又推出了两款新产品,这两款产品使得苹果由一个不起眼儿的小公司一举成为当时电子产品行业的巨头。第一款是磁盘驱动器Ⅱ,它允许用户存储的数据比市场上任何一款微处理器都多;第二款是一款名为VisiCalc的软件。

VisiCalc软件,起初被称为Calculedger,是第一款能让家庭电脑用户进行电子制表操作的软件。该软件是由来自哈佛大学和麻省理工学院的两位学生开发的,第一年销量达到20万件。由于VisiCalc软件只能在AppleⅡ上运行,所以伴随着VisiCalc软件的成功,AppleⅡ的销售量也飞速上升。

高峰和低谷

当时个人计算机是一个新兴的市场,众多企业纷纷涌入。它们当中,有些一无所获,有些则在经历了一段时间的辉煌后损失惨重,只有极少数企业取得了成功。1978年到1979年这段时间,苹果公司启动了三个大项目,其中的两个使得苹果公司几近倒闭。1978年,公司推出了AppleⅢ计算机,并想借此让公司进军新技术市场,但最终却使苹果公司名声扫地。

1979年,乔布斯第一次去施乐公司(Xerox Company)的帕洛阿尔托研究中心(PARC)进行考察。该研究中心的目标是专心研发最新的计算机技术而不必担心研发资金问题。

在一次访问帕洛阿尔托研究中心时,乔布斯和随同而去的员工杰夫·拉斯金(Jef Raskin)看到了一台早期的由"点击"即可完成操作的鼠标驱动计算机。乔布斯对此非常兴奋,称其为"革命性的伟大发明",并要求当时正在开发Lisa——苹果公司技术研发的又一败笔——的团队集中精力研发类似的接口。

苹果公司的第三个研发项目被称做Macintosh。由于乔布斯曾两次启动并随后叫停了Lisa和AppleⅢ研发组,公司的研发人员都不想再与乔布斯打交道。于是1980年，乔布斯亲自承担了Mac(Macintosh的缩写。——编者注)项目，这令时任Mac项目负责人的杰夫·拉斯金颇为惊慌。

拉斯金和乔布斯起了冲突，但乔布斯在公司中日益提升的地位给了他自由做决定的权力，该项目很快呈现出一派“无法无天”的气势。该项目小组不在苹果公司办公大楼工作，而是搬到“德士古塔”(“Texaco Towers”)去工作，他们在“德士古塔”研发大楼楼顶悬挂了一面海盗旗。事实上，乔布斯喜欢把Mac团队看做是“他的一群海盗”，并开始借用Lisa项目组的一些最新研发思想和创新成果。因此，当Mac在1984年推出时，虽然它比Lisa更小巧，价格也更为便宜，但它跟Lisa却拥有同样的技术。

由于乔布斯接管了Mac项目，Mac的设计方向也在迅速改变。在项目开始时，拉斯金想把它设计成为一个便宜、轻便、方便用户的计算机。但随着乔布斯不断在计划中为计算机添加新的性能，拉斯金的计划被破坏了。1982年，拉斯金辞职了，乔布斯独自监管整个项目。随着计算机推出日期的临近，研发人员不得不把越来越多的时间放在工作上。每个工人甚至都有一件印着这句标语的T恤：“每周奋斗90小时，爱上你的工作吧。”

在1983年11月“超级碗”的观众们第一次感受到了苹果公司围绕着Macintosh计算机所进行的大力炒作——这种炒作在未来几年一直持续不断。随着大屏幕中传出的一个充满忧郁的声音告诉观众们“为何1984不像1984”，新一代消费者使用计算机的喜好由此便被注定了。

烂苹果

1984年苹果公司成功推出了Mac个人计算机，并因其操作简便而受到广大用户近乎疯狂的喜爱和赞赏。个人计算机市场发展极为迅猛，大量的其他计算机竞争者也为消费者提供了多种不同的选择；此时，苹果公司个人电脑业务的主要竞争对手是IBM和其他几家制造商，它们使用的都是微软的操作系统。对于苹果公司来说，竞争的威胁似乎仍然构不成挑战，所以尽管Mac电脑的销量稳步上升，但是公司内部的运作仍然不顺畅。

1984年苹果公司成功推出了Mac个人计算机，并因其操作简便而受到广大用户近乎疯狂的喜爱和赞赏。

1980年，该公司完成IPO后，创始人之间开始出现分歧。苹果有一些员工虽然在公司很有影响力，但是他们许多人和公司签订的仍然是临时合同或兼职合同。乔布斯对此很满意，因为这样公司就不必提供股票期权给他们。但是沃兹尼亚克却认为这些人应该因他们所做的工作而得到回报。因此，他把他的部分股票分给了那些他认为“应该得到”股票期权的人，并且告诉他的朋友们说他已经有足够的钱了。

1981年AppleⅢ项目失败后，企业被迫解雇了40名员工。沃兹尼亚克因为一次坠机事件而严重受伤后离开了一段时间，这迫使他重新考虑自己的去留问题。他觉得公司政治不适合他，于是他就去其他地方工作了。一连串的挥霍浪费导致沃兹尼亚克生活窘迫，最终他当起了教师。沃兹尼亚克在苹果公司保留了名义工资，尽管他在1983年又回到苹果公司做产品研发工作，但只是作为一名工程师而不再是一名管理人员了。

沃兹尼亚克和拉斯金先后离开后，董事会以乔布斯傲慢的领导风格和疯狂的行为为由逼迫他也辞职了。乔布斯伤心欲绝，但很快又恢复了士气。他和苹果公司几名资深员工一起创立了一个教育软件公司NeXT公司。当苹果收购了NeXT公司后，乔布斯又转投到Lucasfilm公司，当时该公司正在出售其计算机动画部门Pixar。

如果说苹果公司在乔布斯离开后的一年里有什么重大事情发生的话，那就是公司陷入了困境。当Mac计算机的销量持续稳步增长时，微软(Microsoft)推出了自己的Windows操作系统。微软的这个操作系统很可疑，因为它看起来和苹果公司的OS操作系统很相像。苹果公司试图控告微软公司，但却得到一个庭外和解的结果，原因是微软的CEO比尔·盖茨(Bill Gates)曾经是苹果公司一个最初操作系统研发组的成员之一。在那次研发过程中，盖茨设法与公司签订了一个协议，但是这个协议有个漏洞，就是允许他编制一个可以与苹果公司形成竞争关系的操作系统。

1995年,微软推出了Windows 95,而在推出后的前五个星期内就销售了300万份,而那一整年苹果公司仅售出了450万台Mac计算机。现实就是这样,由于更多的软件组合可以在IBM兼容机上使用,苹果公司的高定价就意味着:尽管拥有技术优势,但苹果的市场份额却在不断下降。1996年,公司亏损达7.4亿美元(5亿英镑),苹果公司的新任董事长吉尔·阿梅里奥(Gil Amelio)被迫尴尬辞职。事实很清楚地摆在面前:必须采取措施,否则苹果公司将会遇到大麻烦。微软公司甚至一度为了给苹果公司集资使其继续运营下去而购买了苹果的股票,以此表明微软非常希望也能向Mac计算机售出微软的软件产品,例如Office。

王者归来

1996年,苹果决定让史蒂夫·乔布斯回来掌管公司,刚开始时让他担任临时CEO。经营NeXT和Pixar的这些年已经让乔布斯变得很温和,他工作时仍然热情四溢,但性格却不再像以前那么暴躁了。

乔布斯立即开始精简公司结构,关闭了很多烧钱却不赢利的项目。员工们都说他们害怕和乔布斯同乘电梯,但事实上,苹果公司正处在破产的边缘,乔布斯正尽其所能拯救公司。

最值得注意的是,乔布斯聘用了伦敦著名的产品设计师乔纳森·艾夫(Jonathan Ive)来彻底修改Mac的设计。乔布斯对AppleⅡ的最初界定是美观、优雅,他希望AppleⅡ能按他最初预想的那样设计。

最终,艾夫将苹果公司的iMac设计成为一款简洁、色彩鲜亮、典雅且人性化的产品。这些计算机在当时来说是一场革命性的转变。用户们可以在家里骄傲地展示它的优越设计,而再也不用把电脑藏在书房或阁楼里。许多Windows的忠实用户也都换用Mac,Windows和Mac OS的相似之处使盖茨第一次感受到了威胁——那些已经习惯使用Windows的人学习使用Mac OS会非常容易,也就是说人们可以在这两者之间随意转换使用。

iMac 的设计简洁、色彩鲜亮、典雅和人性化……这些计算机在当时来说是一场革命性的转变。

这些计算机的出现推动了新一轮产品——外观很"酷"但操作简便的产品的诞生。苹果公司的市场份额和赢利能力都因而得到了快速提升,公司的命运也就此得到了扭转。但当时使用 Windows 系统的计算机非常多,所以还不至于撼动微软在计算机市场上的主导地位。

在 2001 年推出 iPod 时,苹果公司进入了持续发展的第二个阶段——一场音乐产业的革命。iPod 是一款外表华丽、非常迷人的产品,它操作简单而且使用起来非常有趣,人们听音乐时可以直接从电子存储播放器(又叫 MP3 播放器)中获取而不再需要 CD 或磁带。刚开始,iPod 的购买者寥寥无几。但在 2003 年苹果公司推出 iTunes 音乐商店后,iPod 便开始在市场上热销。iTunes 音乐商店是一个网站,它允许人们在网上往 iPod 上下载音乐,它还有一个特点就是你一次可以只买一首歌而不需要购买整张专辑。iTunes 使用方便,人们喜欢建立自己的播放列表。在播放列表上人们可以随意选择听哪首歌,什么时候听,而不用再像以前那样必须按顺序听取 CD 上的每一首歌。2008 年 6 月,苹果公司宣布已经有 50 多亿首歌被从 iTunes 音乐商店购买和下载了。

乔布斯又一次成功了,他使得苹果公司成为计算机产业新革命的领头羊。事实上,公司的销量和利润又一次上升了,乔布斯拯救了公司。

苹果目前境况如何?

尽管苹果公司一次又一次地获得了成功,但是乔布斯远远不满足。苹果公司最近隆重推出的 iPhone 手机在风格和性能上已经彻底颠覆了移动电话的概念,它现在的销售状况异常好。毫无疑问,苹果公司在这方面肯定还有更多的创新计划。

2003 年以来,苹果公司一直试图以越来越小的包装设计来推出其全新的创新产品，并以此来吸引消费者。虽然电脑在苹果公司的产品组合中占据重要位置（只要问问任何一个设计师就知道了），但苹果仍将继续大力投资开发它现有的所有产品种类。

乔布斯将继续留在公司发挥他不可或缺的作用：出现在各种会议和MacWorld博览会上，赢得观众雷鸣般的掌声。当前的董事会成员包括美国前任副总统阿尔·戈尔（Al Gore）和谷歌CEO埃里克·施密特（Eric Schmidt），苹果公司似乎在未来的很长一段时间内都将走在科技领域的前沿。

黑莓（RIM公司）

——无线通信的成功

创 始 人：迈克·拉扎里迪斯(Mike Lazaridis)和道格·弗雷金(Doug Fregin)

创始人开始创业的年龄：23 岁

背　　景：两个工科学生

创立年份：1984 年

公司类型：移动通信

目前涉足经营的国家：140 个国家

利润：30 亿英镑(60 亿美元)(2007 年)

迈克·拉扎里迪斯是一个彻头彻尾的发明家。自从和别人一同创立了被公认为历史上最赚钱的设备制造公司——Research in Motion(RIM)公司后，人们就对他在移动通信方面的远见卓识笃信不疑，他也因此以恰当的理由获得了良好的声誉。20 世纪 80 年代后期，在人们甚至还没有自己的家用电脑之前，就有人已经开始研究无线通信技术了，这个人就是迈克·拉扎里迪斯。这项研究的主要研究成果——黑莓（Blackberry）设备，现在可以让世界各地的数百万用户在途中查看、发送和接收电子邮件。现在，46岁的迈克·拉扎里迪斯正引领着世界上最为成功、技术最先进的企业之一。

RIM的创始人之一迈克·拉扎里迪斯，目前是公司总裁兼任CEO

企业成立早期

在世人还没有听闻之前，迈克的创造天分就已经开始展露了。这位帮助开发了世界上第一款性能稳定的移动邮件设备的男士，在只有4岁时就通过改装乐高玩具而制作了自己的播放器。在他12岁时，他对工程学异常着迷，并且最终弄明白了工程学中的所有运行机理。这是因为他阅读了加拿大温莎市（Windsor，Canada）当地公共图书馆书架上的每本科学杂志的每篇文章，他还因此获得过这个图书馆的奖励。

当迈克还是一个少年时，他就给同龄人留下了深刻的印象，这一点对一个总是有着无穷无尽的新奇想法和发明创造的人来说，毫不稀奇。1984年，当他在滑铁卢大学（University of Waterloo）学习电气工程专业时，就和儿时的朋友道格·弗雷金成立了一家公司来研发产品。在安大略（Ontario）政府提供的一项新的风险投资贷款以及迈克父母的资金支持下，RIM 公司诞生了。

作为一家电子与计算机科技公司成立以来，RIM 引起了人们的广泛关注。迈克非常肯定它的潜力，并且非常急切地想把全部时间和精力投入到这上面来。于是在离毕业还有一个月的时候他毅然选择了退学并将时间全都放在了公司经营上。就在这时，RIM 公司和世界上最大的汽车公司之一通用汽车公司(General Motors)签订了一个 60 万美元的合同来制作研发一个电子显示系统。后来事实证明，这个非常人性化的电子显示系统对迈克和黑莓来说都至关重要。

RIM 是北美第一个无线数据技术开发商。

与通用汽车公司的第一次合作结束后，RIM 公司又与其他公司成功签订了一系列合同，这为 RIM 带来了不菲的收入。到 20 世纪 80 年代后期，公司销售额已达到 100 万美元左右，员工也增加到 12 人。1987 年，公司与无线电话和寻呼机运营商 Rogers Cantel 无线通信有限公司签订了合同，这标志着其无线通信之旅的开始。RIM 公司是北美第一个无线数据技术开发商。为了完成研制数字化无线设备的任务，RIM 公司发明了一种无线电调制解调器。这种无线电调制解调器后来被用在像计算机和自动售货机这样的电子产品上，还被用在像信用卡交易业务这样的商业通信业务中。

融资的不断增长

整个 20 世纪 90 年代，RIM 公司将全部精力放在了将移动无线电子邮件变为现实这一挑战上。作为和 Anterior 科技公司三方伙伴关系的一部分，该公司开始与爱立信(Ericsson)合作开发其无线数据网络以支持双向寻呼和无线电子邮件的功能。1992 年，迈克雇用了詹姆斯·鲍尔斯利(James Balsillie)来经营公司，并且在詹姆斯最擅长的工程学方面给予他完全的自由。从哈佛 MBA 毕业的詹姆斯很快成为 RIM 公司的董事长兼联合 CEO。

詹姆斯本人就向公司注资 25 万美元(相当于今天的 12 万英镑或 21.25 万美元),随后又帮助公司从 COM DEV 公司获得了 200 万美元(相当于今天的 96 万英镑或 170 万美元)的担保金。COM DEV 公司是一家位于加拿大中部安大略省的滑铁卢市的科技公司。RIM 公司还在 1994 年获得了滑铁卢大学行业研究资助计划的 10 万美元资助金。进一步的研发资金来源于 1995 年对公司予以投资的风险资本家们。在风险投资的第一轮,加拿大风险基金有限公司(Working Ventures Canadian Fund Inc)投资了 500 万美元(相当于今天的 230 万英镑或 360 万美元)用于完成 RIM 无线通信的软、硬件开发。在这期间,RIM 公司还获得了加拿大政府以贷款和赠款形式发放的大量投资。

1996 年,RIM 公司开发了一种可以被电脑中的无线电子邮件使用的插卡。在接下来的一年中,公司发明了一款首次使用双向寻呼技术的体形相对较小的掌上传呼机(这类传呼机使用的是 BellSouth 的无线数据网络)。这种被叫做 Inter@ctive 的传呼机很快就被 IBM 和松下(Panasonic)这些公司抢购一空了,这些公司将这种传呼机买来后分发给了它们在实地工作的员工。

詹姆斯和迈克意识到无线电子邮件技术有着巨大的市场潜力,但他们也知道要想抓住这个机会,他们需要追加大量的资本。因此,RIM 公司决定上市融资。1997 年,公司在多伦多证券交易所(Toronto Stock Exchange)上市时筹集到 1.15 亿美元的资金。1999 年,当公司在纳斯达克股票交易所上市时,其资金又增加了 2.5 亿美元。紧接着在 2000 年 11 月,公司又增发了 9 亿美元的股票。

一个奇迹的诞生

第一款黑莓在 1999 年被推出。这款设备使得用户在路上也能访问自己公司的电子邮件账户(通过 Microsoft Exchange 服务器)。它的"全天候在线"技术使它在市场上一炮打响。用户可以自动收到新电子邮件的提示而不再需要自己打开邮箱查看。它的售价为 399 美元,每月还要交 40 美元的月租费。截至2000年,它已经被《信息世界》杂志评为"年度最佳产品"。

该产品堪称一次巨大的商业成功。1999年,黑莓的销售额使RIM的收入翻了两倍还多,达到4 750万美元,其净利润也增加到680万美元。黑莓之所以能成功,主要是因为RIM公司与很多大的互联网服务提供商(简称ISPs)和电信公司(Telecommunicatoins Companies)以及后来的移动电话网络公司(Mobile Phone Networks)进行了合作,因此它们可以给黑莓提供设备和关税优惠。到1999年年底,几个主要的互联网服务供应商,如美国RGN通信公司和GoAmerica通信公司,都已经同黑莓签署了协议,它们会向其客户提供黑莓的设备。在国外,拉丁美洲的TelCel Cellular公司也将通过RIM的互动界面为客户提供双向交流服务。

截至2000年,它已经被《信息世界》杂志评为"年度最佳产品"。该产品堪称为一次巨大的商业成功。

RIM公司也同戴尔(Dell)、康柏(Compaq)等大的计算机公司签订了分销协议。根据协议规定,这些计算机公司的销售人员将会把黑莓推销给公司的大商业客户。随着销量和利润的迅猛增长,黑莓的形象也逐步提升。早在它推出的第一年,该设备就开始在商务会议中出现,尤其是在那些身价日益飞涨的投资银行家和风险资本家们的集会上,黑莓频频露脸。因此,黑莓在美国商业市场上的销量开始腾飞。2000年,加拿大电信公司北电网络(Nortel,the Canadian Telecommunications Company)给RIM公司投资了2 500万美元参与其联合营销和产品开发协议,以期待扩大黑莓的全球影响力。当年年底,公司收入已经增长至8 500万美元,净收入达到1 020万美元。

RIM公司在开发远程访问电子邮件设备的过程中并不是孤军奋战的。确实,到20世纪90年代后期电子邮件已经成为人们工作的主要方式之一,远程访问电子邮件系统的市场潜力显然非常巨大。第一家开发销售它的公司一定会获得数十亿美元的丰厚利润。难怪微软和很多商家都展开了激烈的竞争,连把个人数字助手的键盘做得像笔一样灵活的Palm公司也参与进来。黑莓之所以成功是因为它想出了一种方法,使得人们能够通过一款小型设备就可以更方便快捷地访问自己的电子邮件。像 Windows 这样的系统虽然做得很好，但是占用空间太大，所以在小型电脑上运行时速度非常慢。RIM 的这款尤物可以同 Windows 系统兼容，但对于小型电脑，可以将其操作系统优化，因而可以在相同条件下比微软系统运行得更快。

与功能类似的其他大多数竞争性产品不同的是，在黑莓启动后的几分钟内，人们就能轻松使用了。

除此之外，黑莓还具备其他两个超乎寻常、运行完美的设备。其一是一个足够大而便于使用的标准打字机一样的键盘；其二是一款能够在电子邮件和屏幕之间移动的“飞轮”系统。这种设备运行速度异常快，人们在几秒钟之内就能学会如何操作。与功能类似的其他大多数竞争性产品不同的是，在黑莓启动后的几分钟内，人们就能轻松使用了。

一款早期设备：黑莓 6210

海外扩张

现在凭借其手控键盘出名的黑莓早在 2001 年时就已经开始在欧洲市场给人留下深刻的印象了。黑莓同 BT Cellnet、Digifone 和 Telfort Mobile 等电信公司都达成了协议，这意味着黑莓分别获得了在英国、爱尔兰和荷兰进行销售的权利。与此同时，借助于和 IBM 这样的公司签订分销协议，黑莓的国内市场也在继续迅速扩张。截至2001年年底,北美已有超过12 000家企业在使用黑莓的设备。

位于加拿大安大略省滑铁卢市的RIM公司总部办公大楼

此时,RIM已卖出了20多万台黑莓产品,并与AOL建立了合作伙伴关系,通过手持终端设备来提供电子邮件服务系统。由于Palm公司的PDA系列产品一直是整个市场的最大卖家,所以黑莓迅速成为市场上需要快速安全地访问公司电子邮件的商务人士的首选。但在21世纪初,尤其是诺基亚(Nokia)的短信服务推出之后,竞争变得异常激烈。为了保持竞争力,2002年,RIM公司开始允许作为第三方的开发商和制造商通过无线通信提升它们的产品和服务。它也通过特许经营的方式开始允许竞争对手Palm公司和Handspring公司使用自己的键盘技术(快捷键技术)。

哈钦森公司(Hutchinson)是澳大利亚最大的媒体技术公司之一,它经营3G手机,与该公司的合作也宣布了黑莓手机时代的来临。哈钦森电信公司有一项业界领先的国际漫游服务,开展这项业务的国家超过149个。2001年,哈钦森开始向澳大利亚本土以外的国家扩展业务,这同时也推动了黑莓手机在亚洲地区和澳大利亚、新西兰等地的销售。

黑莓在欧洲市场的推出归功于它在2002年所开发的植入了手机功能的5810模式。在英国,这不仅促成了公司与沃达丰(Vodafone)公司的巨额交易,与德国电信(Deutsche Telekom)公司的类似协议也接踵而至。在随后的几个月里,黑莓在法国、意大利、西班牙和瑞士也相继推出。然而截至2002年,由于投入产品开发和国际扩张的成本过高,RIM公司净损失总额竟达到 2 830 万美元。因此，公司决定裁员 10%。

2004 年，公司经营又回到了正常轨道，现在全世界范围内其用户已达到 170 万。但是由于 82%的用户仍在北美，所以公司已经采取措施以加快其国际扩张计划。欧洲是国际扩张计划中的一个重点地区。2004 年，RIM 公司和包括 Orange 和 BT 在内的欧洲大多数重要网络公司已经达成了交易协议。这使得黑莓在欧洲的销量变成了原来的两倍。这一成功的关键在于，黑莓的销售人员向想为本企业员工购买黑莓产品的公司提供免费试用的机会。因此，大约 90%有购买意愿的公司为此而埋单了。

也就在同一年，RIM 公司研发出一个电子邮件服务器的新版本以支持中文和阿拉伯文字母。2005 年，哈钦森公司在中国香港的分公司与开发语言支持系统的 Onset 公司进行了合作，目的是为黑莓在中国香港和中国澳门的用户引入日语和韩语支持功能。这种伙伴关系确保了黑莓在日本和韩国市场的重大进展。

进军大众市场

纵观 RIM 公司的发展史，当涉及产品研发时它总是不断提高要求，公司在移动通信工具的设计、生产以及市场营销方面也始终是一个不折不扣的领先者，并获得了无数的产品创新奖。

虽然黑莓一直以来都很受管理人员和习惯快节奏的商业人士们的青睐，但为了吸引更多的零售客户，该公司目前已经通过视频和音乐播放器做了一定的调整。2006 年，黑莓推出了珍珠 8100，这将有助于黑莓改变企业形象。现在看到人们在火车和飞机上使用黑莓设备玩游戏，已经变成司空见惯的事情了。

为了吸引更多的零售客户，该公司目前已经通过视频和音乐播放器做了一定的调整。

RIM 公司一直努力使自己的电子邮件系统尽可能安全。自从在 1997

年成为首款提供可靠移动邮件的产品后,该品牌已经成了数据安全的代名词,并被明星或政府机构人员这类用户用来发送机密信息。该公司还面临着为保护其众多的获奖专利技术(串行发明者迈克有 30 多项专利)不被竞争对手使用而发生的一些法律纠纷事件。

黑莓设备的用户现在遍布世界各地,公司在北美、欧洲和亚太地区都设有办事处。这些设备几乎在任何网络上都能运行,运行效果非常棒,以至于目前很多用户(通常是大公司的资深管理者和企业老板)都不知道如果没有了这些产品他们将如何正常工作和生活。黑莓设备,其非正式的名称为"crackberry",它上乘的质量已被人们广为传颂。收到新电子邮件时会有提示这一特点是许多商界人士无法抗拒的诱惑,因为不管何时何地他们都可以查收邮箱里的新邮件。

黑莓珍珠 8100:珍珠系列帮助 RIM 公司打开了消费市场

RIM 目前境况如何?

2007 年,RIM 公司被加拿大最权威的商业杂志《麦克琳》(*Maclean's*)杂志评为加拿大前 100 强雇主之一,并且是唯一一家榜上有名的无线技术公司。同时,黑莓继续出现在各种技术奖名单和排行榜上。现在,包括手机在内,黑莓设备以个人信息管理功能为特色,设定了可以同时出现在用户桌面上的包括联系人、日历、任务、备忘录在内的多项功能。用户还可以使用黑莓访问互联网和基于互联网的应用程序,同时公司还研发出了可以访问客户关系管理(CRM)系统数据的应用程序。

去年,RIM 公司市值达到 260 亿美元,迈克身价达到 20 亿美元。作为联合 CEO,迈克仍然在他们共同创立的公司中积极参与业务开展,他主要负责产品战略、研发和制造。

业务已经覆盖了 140 多个国家的黑莓,现在打算把业务进一步扩展到俄罗斯、拉丁美洲、中国以及东南亚地区。全世界已有 700 多万人在路上使用黑莓发送和接收电子邮件,其中主要是高级管理人员和企业老板。随着弹性工作趋势的不断发展,市场上对移动设备的需求并没有下降的迹象。尤其是在英国,人才短缺现象非常严重。为了招聘到并留住高级人才,雇主也允许员工的工作更加弹性化,法律的变更也正在慢慢使更多的员工有权要求这样做。移动技术已经使弹性工作成为可能。

目前,黑莓拥有约 70%的市场份额。黑莓与处于世界领先地位的手机制造商,包括索尼爱立信(Sony Ericsson)在内的合作,帮助他们拓展了智能手机的市场覆盖范围,使黑莓保持了在这一领域的领先地位。但最近由于与重要的合作伙伴诺基亚的合作失败,公司决定独自前进。由于全球的通信市场注定会大幅增长,所以 RIM 公司看起来前途一片光明。随着移动办公的增加,可能越来越多的员工将和决策者一样要在路上收发电子邮件。去年,在《卫报》的一篇报道中称,在 6 亿—7 亿的企业电子邮件账户中仅有 1.2%使用了移动电子邮件功能,这表明此市场仍然有巨大的增长空间。

任 天 堂

——达到您游戏的巅峰

创 始 人：山内溥(Hiroshi Yamauchi)

创始人开始创业的年龄：21 岁

背　　景：大学生

创立年份：1949 年

公司类型：电脑游戏

目前涉足经营的国家：全球

净利润：12.5 亿英镑(25 亿美元)

几年之前，有一件事让美国人感到很失望，因为研究者发现，相对于美国总统来说，罗纳德·麦克唐纳(Ronald MacDonald)更为孩子们所熟知。所以可以想象到在 20 世纪 90 年代早期，当得知像米老鼠这样土生土长的卡通人物已经被外来的超级马里奥(Super Mario)所超越时，他们是怎样地震惊。这个由日本人所创造的英雄人物已经成为全世界孩子生活中的一部分。对于游戏的发明者任天堂(Nintendo)公司来说，那个留着小胡子、有点莽撞无理的水暖工就是帮助企业成为电脑游戏领域一支主导力量的人。任天堂是一家快速创新的企业，其年利润为12.5亿英镑，已经可以与索尼(Sony)相媲美，并在一定程度上超越了微软。其他公司，诸如雅达利(Atari)和世嘉(Sega)已经落在了后面，无法跟上任天堂创新的速度。

家庭事务

这家今天我们所熟知和喜欢的公司主要归功于一个叫山内溥的人的远见和努力。1949年，在仅仅21岁的时候，他从祖父那里继承了一个非常小的制造扑克牌的家族企业。在他得到这个机会可以成为下一届掌门人的时候，山内溥还在上大学，当时他并不确定是否要接手这个企业。但是当他的祖父同意了他的约定之后，山内溥毅然放弃了他的学业并接管了这个企业。他的家族已经从事扑克牌生产几十年了，分公司遍布日本各地。然而，山内溥笃信这个公司——之后将其命名为山内—任天堂——将会有一个远大的前途。从一开始他就表示他将以一种独裁的思维和方式来经营这个公司，这也经常使周围人为其担心。为了确保自己才是这个企业唯一的家族成员，在他担任掌门人这一角色之前，他让祖父解雇了他的堂兄弟姐妹。接着他开始对这个企业进行大刀阔斧的改革：加速生产运作，裁掉祖父曾经任命的管理者，改造产品线。山内溥决意不许任何人质疑他的权威，并且让长期雇员很快就了解到真正的权力所在。

> 从一开始山内溥就表示他将以一种独裁的思维和方式来经营这个公司。

跟随美国的潮流，山内的任天堂在日本第一个生产了涂塑扑克牌。接着在1959年，他和沃特·迪士尼(Walt Disney)公司进行了一项交易，交易规定他们生产的纸牌的背面以迪士尼卡通形象为特征。成功的合作使公司售出60多万张纸牌。虽然取得了成功，但是山内并不满足于此，继续探求新的想法。当他在美国旅行的时候，他被那里的小的纸牌生产商的状况所震惊，他将这些企业看成是他自己公司的写照。他的企业在大阪(Osaka)和京都(Kyoto)证券交易所上市，并把筹集来的钱用来开发新的产品。在一段很短的时间内，山内跨出游戏领域，尝试了一种方便米饭产品、一家爱心酒店，还涉足了出租车服务，这些尝试的结果各异。然而，他很快就厌倦了这些并意识到自己的优势在于强大的、业已存在的玩具店生意，这些玩具店是他将涂塑扑克牌买卖拓展而成的。1969 年，他把公司重新命名为任天堂游戏公司，这个公司将最终引导他走向全球的成功。

娱乐和游戏

在接下来的几年内山内雇用了许多设计者，虽然他没有他们所具有的技能，但是他却成功地激励他们不断创新。他在这些创新者中创造了竞争氛围，但同时也能培养合作精神。每个人都想讨好老板，但山内将表扬和批评区分开来，做到了公平对待。关键是他有一种很好的认知能力：什么时候应该将产品销售出去，什么时候产品需要被重新召回研发部门。

> 山内溥在这些创新者中创造了竞争氛围，但同时也能培养合作精神……关键是他有一种很好的认知能力：什么时候应该将产品销售出去，什么时候产品需要被重新召回研发部门。

在 20 世纪 70 年代早期，任天堂推出了诸多新游戏设备，如 Ultra Hand(在肢端有一个握柄的可伸缩假肢)、Ultra Machine(一种室内棒球投球机)和 Love Tester(一种测试当一个男孩和一个女孩牵手时的爱情的电子设备)。但是 1973 年国外发生的一些事件对任天堂及公司全球的计划产生了很大影响，全球的第一次石油危机给所有企业都带来了某种冲击和干扰。当经济逐渐低迷时，商店纷纷关门，消费者大量削减奢侈品的消费。任天堂也感受到了来自消费者的订单的减少，山内别无选择，只有重新考虑公司的未来。公司完全倒闭的可能性也是有的。但是在动荡时期，一些企业在能力差的领导者管理下经常失败的时候，真正伟大的领导者却能找到一种方法令企业渡过难关。

伴随石油危机而来的是在微处理器和半导体领域技术上的大突破，这导致了首批“电子游戏”的诞生。像雅达利和玛格纳沃克斯(Magnavox)这样的公司应运而生，它们开始销售可以连接在电视机上的游戏机。这些游戏虽然简单，但却让人乐在其中，是家庭娱乐领域的一个重大突破。任天堂和玛格纳沃克斯公司达成了一项交易，使得公司有权在整个日本生产和销售 *Pong* 这款游戏。公司还与三菱结成联盟共同生产游戏机，并于 1977 年将“彩色电视游戏 6”引进日本，销量超过 100 万台。因此，在执掌任天堂近 30 年的时间里，山内溥终于发现了可以让公司在世界各地家喻户晓的产品。

尝试和失败

公司开始试验小型游戏装备，并研制出一种小型、新颖的游戏机，取名为 Game & Watch，而这种游戏机就是 Game Boy 的前身。山内溥预计，这种新型娱乐游戏机将前途无量，因而他致力于将任天堂发展成为电视游戏产业中的重要一员。然而在这个阶段，即在 20 世纪 80 年代早期，当十年前仅生产玩具手枪的任天堂公司正在这一行业中奋力向前冲时，雅达利和 Commodore 公司已经在这一行业中处于一种领先的地位。山内溥受到像雅达利 2006 这样的新游戏设备的启发：这种游戏设备的特征是有一个可以插到顾客电视上的小盒子，而这种电视需要有一个能将这个载有游戏的盒子插上去的插口，在扩充游戏的数目方面，这种设备发挥着重要作用。山内溥猜想，赚钱的真正方法是开发并销售一种只有在他生产的机器上才能打的游戏。所以，他给设计师们下达了一项任务：开发一种游戏机，这种游戏机价格要不及市场上其他现有游戏设备价格的 1/3，并且这种游戏机能提供更高水平的可玩性和界面。他告诉他们：“要研发出一种其他公司至少在一年之内研发不出来的产品。消费者要求的是没有任何问题的游戏，而我们的目标是要比这做得更棒。”

他给设计师们下达了一项任务：开发一种游戏机，这种游戏机价格要不及市场上其他现有游戏设备价格的1/3，并且这种游戏机能提供更高水平的可玩性和界面。

他的设计师们仔细研究了竞争对手的设计并试图对其做出改进。他们花费了数小时研究计算结果，试图得到山内溥想要的产品。最终，他们达成了共识，认为需要两种芯片：中央处理器(CPU)和图像处理器(PPU)。并且他们也都认为，需要将这两种芯片的生产外包出去。山内溥总是要求供应商在其购买更多的商品时给予更低的价格。事实上，许多芯片生产商不愿与任天堂做生意，因为作为买方，任天堂一般要求非常苛刻，并且非常强调灵活性，很多公司都无法应付。对于芯片生产这个问题，任天堂想要一个非常低的价位，而实现这一低价位唯一合理的办法是有大量的订单。然而，那时家庭电视游戏市场还没有那么大，任天堂200万的芯片订单已经是远远超过现存整个日本市场的容量了。

任天堂与当时发展缓慢的理光(Ricoh)进行了接触，因而事实上可以帮助理光解决过剩产品的销售问题；但双方却在价格上遭遇了障碍。于是，山内溥提出了很多人都觉得荒谬的一个解决方案。如果理光能按照他要求的价格生产芯片，他会保证未来两年内自己公司300万的芯片订单都交给理光公司。在游戏产业还处于初始阶段并且整个市场规模仍是未知时，这相当于一次大的赌博。当然，仅仅对于日本市场来说，这个量实在是太大了，这就需要公司着手开始向广阔的国际市场扩张。所以，公司在美国设立了一个办事处，并着手在那里推出他们的新游戏机。

山内溥把未来两年里他们公司300万的芯片订单都交给理光公司。在游戏产业还处于初始阶段的时候，这相当于一次大的赌博。

任天堂当时已经设计出一种系统，该系统已经具有我们在当今的许多游戏系统中所能够看到的诸多性能。然而，像键盘这样的附件，却是第一代任天堂娱乐系统(NES)和家庭电脑(Famicom)所不具备的。这是因为山内溥想保持产品成本低廉并且尽量简单。不过，在他开始将其新产品展示给零售商时，对方却表现得相当保守。它们担心机器的低成本以及由此而引起的自己从每部机器上所可能获得的利润空间很小——看起来似乎销售这些产品并不划算。但是山内溥坚持核心机器必须要卖得很便宜，他认为真正的利润来源可以通过出售游戏来获得，并最终设法说服了它们去供应这些机器。他告诉它们："这个系统实际上只是销售游戏的一个工具，游戏才是我们的利润所在。"

同在日本的情况一样，NES 在北美也获得了巨大成功，销量飞速增长，在仅仅六个月的时间里就卖出了多达 50 万套的商品。游戏玩家对一些游戏，比如《大金刚》、《银河战士》、《萨尔达传说》和《光之神话》等相当着迷。这些游戏在电脑游戏领域创造了新的里程碑，打败了领域内的诸多竞争者。现在这个模仿者开始成为被模仿者。

然而，任天堂通往成功的国际化道路也不是一帆风顺的。在第一代 NES 被销售出去的六个月之后，就出现了一个问题使得游戏机电路无法正常工作。山内溥马上命令召回对企业构成威胁的全部产品，但同时也丧失了宝贵的圣诞节订单，并且给竞争对手留下了足够的宝贵时间追赶自己。但是山内溥认为，如果任由问题继续扩大，将会有损任天堂在顾客中的信誉。

一个全新的世界

任天堂最大的成功来自于一个被称做《超级马里奥兄弟》的游戏，这个游戏把公司真正推向了全世界，马里奥最初被视为《大金刚》(Donkey Kong)游戏中的一个角色。有趣的是，大多数任天堂的销售人员都反对用 Donkey Kong 这个名字，他们认为这个名字听起来有点好笑；事实上，它原本应叫做 Monkey Kong，这样似乎更合理。但是在一次较为经典的误译中，一个字母被换掉了，随即一个更让人记忆深刻的名字 Donkey Kong 产生了。如果山内溥对他的首席创新人员之一宫本茂(Shigeru Miyamoto)没那么有信心的话，这个游戏可能将永不见天日。宫本茂是任天堂许多最畅销游戏的智慧源泉，他从诸如金刚等经典的传奇人物形象中获取灵感。以卡通人物管道工试图从巨猿手中解救公主为主要情节的《大金刚》游戏，销量最高。管道工的卡通角色马里奥，被进一步开发，并被赋予了一个叫路易吉(Luigi)的兄弟，从此，《超级马里奥兄弟》一代诞生了。

《超级马里奥》游戏是任天堂的驱动力。从1985年到1991年，八种版本的《超级马里奥》游戏被生产出来，将近7 000万份的游戏被销售出去。孩子们就是喜欢超级马里奥，要多少都觉得不够，以致任天堂想要推出一款新的家用游戏机时，不得不将下一个版本的《超级马里奥》游戏也打包在内，以确保孩子家长们能买到最新的设备。《马里奥》是任天堂具有革命意义的家用游戏机(例如超级NES、任天堂64和任天堂DS等)的开发和成长过程中不可缺失的一个重要组成部分。

只为了孩子

电脑游戏经常会因为有些成年人的内容被插在其中而口碑不佳，尽管理论上这些游戏也适合小孩子玩。任天堂总是通过明确禁止裸体和色情图像的出现来解决这方面的问题。当然包含血腥画面的暴力游戏也是不允许的或者尽可能对其加以改造使其变得温和。公司在品位和正直性方面所进行的严格控制，使得很多项目无法涉足。这就给其他能进入这些市场的公司留下了空隙。伴随着游戏市场日趋成熟，其客户的年龄也逐渐变大，在某些人看来，这种选择似乎是错误的。像《侠盗猎车手》这样的游戏已经销量不菲，而像索尼这样的竞争者也加入进来。与这些战略有所不同，山内溥的决定本身就是一个妙举。任天堂的受欢迎程度主要是取决于成年人的意愿和选择，而往往是那些成年人来为孩子们购买游戏机和游戏的。由"没有品位的游戏"而引起的一场道德抗议原本会使得父母们不愿意将自己的孩子单独留在卧室玩NES游戏。而事实上，山内溥的举措减少了父母们的顾虑，这样做不失为明智之举。

任天堂在全球获得成功的另外一个原因，就是它能不断地创作出孩子们喜欢的游戏。山内溥本人也获得了诸多殊荣，因为他总是能够慧眼识真、挑选出受欢迎的游戏。他自己就能决定一个游戏是否应该加以开发。他认为自己的判断要远比市场专家和消费者测试的结果更准确。他认为那些人只能告诉他现在流行什么，而并不能告诉他将来有可能流行什么。他那富有创造力的研发部门里都是些令人尊敬的、有着辉煌成就的像宫本茂一样的人物，他们在任天堂公司里不断成长，并走向成功。毫无疑问，创造一个有助于培养和利用这种创造力的环境本身，就是任天堂的重大成就之一。

这个公司在不断地创作出孩子们喜欢的游戏同时，在品位和正直性方面也进行了严格的控制。

那是我的男孩

20 世纪 80 年代后期，Game Boy 的推出使任天堂公司又一次取得巨大成功。像其他游戏机的情形一样，公司并没有把机子卖得很贵，游戏才是真正的利润创造者。但是，公司的目标消费者并不只是限于孩子，也包括成年人。长途飞行的乘客、乘车上下班的人、在学校外面等孩子放学的家长都是热情的粉丝。Game Boy 最棒的一款游戏叫做“Teteis”，就是俄罗斯方块，这款游戏已经耗去了许多人的大量时间。这款简单的游戏也适用于 Game Boy 最初推出的相当低级的黑白机。Game Boy 的推出引起了竞争者的恐慌，进而出现了大量的模仿者。但是，世嘉和其他竞争者所推出的产品都远不及目前仍在销售的 Game Boy。

任天堂目前境况如何？

在 20 世纪 90 年代直至 21 世纪早期，任天堂一直是电玩行业的创新者和先驱。从某种程度上说这个公司也别无选择，因为电脑游戏行业本身就是日新月异的。而且，像索尼公司这样的竞争者一直以来都在与任天堂公司展开激烈的竞争，并从制高点上瓜分了任天堂的一部分市场。在过去 20 年里，NES 和 Game Boy 都得到了很大的发展。尽管有些时候，任天堂公司似乎马上就要丧失其在年轻游戏玩家心目中的主导地位了，但公司总是能东山再起。例如，索尼的 PlayStation2 游戏机比任天堂的 GameCube 更成功，这使得一些行业分析家们认为这意味着任天堂即将走向衰败。然而任天堂却决定发售 Wii 游戏机。

当索尼的 PlayStation3 和微软的 X-Box 360 都引进外来技术来改善游戏的界面时，任天堂却独辟蹊径，他们的新游戏机使得玩家能够通过在空中移动控制器来操控屏幕上的游戏，而不是仅仅是敲打控制器上的按钮。诸如此类的动作控制技术几年前就已经存在，但是任天堂却成功地将其成本大大削减，从而得以实现大规模批量生产，并通过充分利用这种新的控制系统来生产一系列游戏。这样做的结果就是，任天堂的新游戏机比索尼或微软的都便宜很多，并为消费者提供了一种与众不同的游戏体验。目前，公司已经销售了超过 2 500 万台 Wii，并在游戏行业开辟了新的篇章。

2002 年山内溥退休，不再担任公司的总裁职位，岩田聪(Satoru Iwata)成为继任者。但山内溥仍在董事会任职，直到 2005 年由于身体原因才不得不辞职隐退。山内溥目前是日本最富有的人物之一，时至今日仍在公司中占有举足轻重的地位。他把自己巨大的财富投资在美国棒球队西雅图水手队和慈善事业(如京都大学医院)等方面。宫本茂目前是任天堂公司的常务董事，他已经赢得了无数的奖项，在这个行业中是最受尊敬的游戏设计者之一。他对 Wii 项目的远见卓识为其在游戏领域赢得了更高的赞誉，以至于整个行业都在拭目以待，迫切盼望着他接下来的新创举。

诺 基 亚

——一部好手机

创 始 人：弗雷德里克·艾德斯坦(Fredrik Idestam)

创始人开始创业的年龄：27 岁

背　　景：采矿工程师和商人

创立年份：1865 年

公司类型：电信制造商

目前涉足经营的国家：150 个国家

营业额：35.7 亿英镑(62.5 亿美元)(2007 年)

诺基亚(Nokia)手机发出的那段标志性的铃声一定是世界上最有名的铃声之一，现在每天会响起数百万次。诺基亚在移动电话制造业是全球市场领先者，虽然市场上存在着大量的竞争者，但诺基亚却拥有惊人的 40％的市场份额。

创建

作为一个现代移动电话公司，诺基亚的起家几乎让人难以置信。如今诺基亚已经成为电信业的巨头，但是1865年其创业之初却是一家很不起眼儿的小公司。当时在芬兰南部有一个小型工业城市坦佩雷(Tampere)，诺基亚的创始人弗雷德里克·艾德斯坦成功获得许可，他可以在坦默科斯基河(Tammerkoski River)的沿岸建立一家纸浆工厂。

"诺基亚"一词源自于流经坦佩雷的一条河流，这条河名为"Nokianvirta"(在芬兰古语中是"黑貂"的意思，因为该区域曾发现过这种动物，人们习称"Nokia")。这个工厂运作良好，之后艾德斯坦很快又在坦默科斯基河沿岸建立了第二家工厂，这次是建在一个叫做诺基亚(Nokia)的小城，这个城市为水力发电提供了很好的便利条件，这对纸浆行业来说是很重要的；而它的地理位置在降低劳动力成本方面发挥了很重要的作用：河岸肥沃的土壤使得工厂可以为工人们种植粮食作物，以便食用。很快，这个工厂就采用了该城的名称，这种情况在那一段时期很普遍。

作为采矿工程师的艾德斯坦把一种成本更低的新的造纸流程从德国引进到了芬兰，这一举措被证明是非常成功的。艾德斯坦也因此巩固了其在芬兰造纸行业所谓的元老地位，在1867年的巴黎世界博览会上，艾德斯坦的发明受到了赞誉并赢得了铜奖。

不久之后，在1871年，艾德斯坦将他的公司名字合法化，取名为Nokia Ab，并将其业务中心转移到诺基亚城。

响彻一方的转变

公司不断进行扩张的同时也推动了整个城镇的发展壮大，先是道路、桥梁，后来又在工厂前面建了电报局(1877年)，在坦佩雷和诺基亚城之间也铺设了一条电话线。〔由此不难看出，诺基亚的品牌广告语"Connecting People"("沟通人类")从何而来。〕到1895年，诺基亚已经有了属于自己的火车站。

领导公司经过了30多年的发展，艾德斯坦1896年从公司退休。就在两年之后，Nokia Ab将发电整合到业务组合中，以确保自己在偏远地区的电力供应，这是公司成为多产品企业集团的众多步骤中的第一步。

与此同时，1898年，被诺基亚城的快速发展和其提供的丰富资源所吸引，阿维·威克斯特龙(Arvid Wickstrom)将其创立的芬兰橡胶厂(Finnish Rubber Works)迁入诺基亚城，这为诺基亚后来自己的橡胶业务奠定了基础。

随着业务的飞速发展，1912年，爱德华·宝隆(Eduard Polon)以一种为人们所熟悉的方式，在诺基亚城建立了芬兰电缆厂(Finnish Cable Works)，这又为诺基亚的电缆和电信业务奠定了基础。在劳动力日益增加和前景不断光明的情况下，公司还专门建造了厂房，同时诺基亚公司和芬兰橡胶厂都建立了职业学校，无论男孩还是女孩都可以入校学习。

1916年4月8日弗雷德里克·艾德斯坦辞世，这是一个人们永远都不会忘记的人。他的老家诺基亚庄园现在是诺基亚的高层管理人员间或聚会的场所，目前那里正在兴工动土：因为那里见证了石器时代、金属时代和中世纪的所有活动，所以考古学家认为具有重要的历史和考古价值。

1922年，芬兰橡胶厂的投资者在主要股东戈特弗里德·斯特龙伯格(Gottfried Stromberg)的领导下，购买了芬兰电缆厂的股份，这意味着，尽管他们仍然作为独立的公司进行运营，但这个小城里的三家公司的所有权已经转移到同一个投资者手中。公司业务继续发展，并在第二次世界大战中成功地生存下来。

事实上，第二次世界战争的爆发最终证明还是有利于该公司发展的。作为对苏联战争赔偿的一部分，芬兰电缆公司不得不为苏联提供电缆。当时的芬兰电缆公司由一名叫弗纳·维克曼(Verner Weckman)的人所领导，他阅历丰富，曾在1906年的雅典奥运会上获得过金牌，事实上他也是芬兰的首位奥运金牌得主。在运动生涯结束后，他又成为一名采矿工程师，在1906年到1922年期间主要在俄罗斯工作，在那里他学会了一口流利的俄语并对俄罗斯人的文化有了很深的认识。在被任命为CEO以前，他曾在芬兰

1966 年就开始使用的诺基亚标识

电缆厂做了十年的技术总监。战争结束后，弗纳凭借自己对俄罗斯的深入了解与该国进行了大量的出口业务，这也是诺基亚首次涉足国际扩张。

1960 年芬兰电缆厂建立了第一个电子部门，主要销售和经营电脑，为该电缆厂在电子方面的发展奠定了基础。仅在两年后，它就开发出了它的第一个室内电子小工具——用于核电厂的脉冲分析器。这一时期对诺基亚日后在移动领域的拓展是至关重要的。1963 年它开始为军方以及急救服务领域试验推广无线电传输业务，并进一步发展壮大了自己在通信业务方面的技能。

这一时期对诺基亚日后在移动领域的拓展是至关重要的。1963 年它开始为军方以及急救服务领域试验推广无线电传输业务，并进一步发展壮大了自己在通信业务方面的技能。

随着这一势头的发展，诺基亚公司的转折点终于来到了。虽然自 1922 年以来公司已经成为一家合资企业，但 1967 年 Nokia Ab（有趣的是，在当时它是三个企业中规模最小的）、芬兰橡胶厂和芬兰电缆厂才正式合并，成立了诺基亚公司（Nokia Corporation），随后公司在橡胶、电缆、林业、电子和发电这五个关键领域开展自己的义务。实业家比约恩·韦斯特兰（Bjorn Westerlund）接手弗纳·维克曼担任公司的第一任总裁，拥有赫尔辛基技术大学电气工程学位的韦斯特兰，被人们誉为为诺基亚在电子和移动行业确立主导性地位的奠基人。

科技的发展：Mobira Talkman、诺基亚 8810、诺基亚 6110 以及 Mobira Cityman

让它响起

1986 年至 1991 年，新成立的诺基亚公司在早期移动通信发展过程中处于有利位置，是行业的领头羊。随着欧洲电信市场放松了管制，移动网络开始全球化，诺基亚以一些标志性产品引领着道路。其中包括于 1981 年创建的世界上第一个全球移动电话通信网络，即北欧移动电话服务网络(NMT)。NMT 标准的引入推动了移动电话行业的迅猛发展。最初，它便被几个北欧国家所采纳，成为当时世界上第一个横跨数国、覆盖面最大的移动电话网络，也是第一个允许国际漫游和在欧洲内外均能快速连接通话的网络。

诺基亚很快将汽车电话也引入网络。1982 年推出了第一台车载电话 Mobira 450，紧随其后的是在 1986 年开发的便携式 Mobira Talkman。此时，诺基亚还为北欧移动电话服务网络提供基站和交换机设备。它开发的诺基亚 DX200 是自己的第一部数字电话交换机，Mobira Cityman 也是第一部手持的 NMT 手机。1991 年，诺基亚设备被指定为应用于 GSM 网络的全球首部手机。GSM，全球移动电话通信系统，是 1987 年作为欧洲市场数字移动技术的标准而被采纳的。这种第二代移动通信技术既能够传输数据也能够进行语音通信。到了 20 世纪 90 年代末，诺基亚已经向世界上 90 多个运营商提供 GSM 系统服务。

当诺基亚发展到亚洲时，它确保数字 4 绝不会出现在诺基亚的任何一款手机中，因为跟许多地区一样，4 被认为是一个不吉利的数字。

一部好手机

就战略发展而言，1992 年对诺基亚来说是关键的一年。因为在这一年诺基亚不仅任命约玛·奥利拉(Jorma Ollila)为新总裁兼 CEO，同时它也决定将其未来业务发展重点放在电信方面。因此，它逐步剥离了橡胶、电缆和消费电子产品方面的业务。

出生于 1950 年的奥利拉于 1985 年加入诺基亚，之前他曾在花旗银行工作了八年，他获得了经济学、工程学和政治学的硕士学位，1990 年他已经晋升为公司的财务部部长和移动电话业务部总裁。

奥利拉时代是诺基亚的平静时期，之后便产生了内部冲突和金融问题。更可悲的是公司的前任 CEO 卡里·凯雷莫(Kari Kairamo)曾于 1998 年试图自杀过，之后长期患有狂躁抑郁症。据说，电视生产部门的重大亏损是促使他决定结束自己生命的原因。橡胶、电缆和消费电子业务的逐步剥离、出售，使得诺基亚能够将投资大量集中于移动电话和电信系统的生产制造方面。接下来的几年见证了诺基亚一系列创新性产品的诞生：

1992 年：诺基亚推出其首款 GSM 手机——诺基亚 1011

1994 年：诺基亚推出首款带有诺基亚铃声的手机；世界上首部卫星电话问世，(当然)使用的是诺基亚的 GSM 手机

1998 年：就在奥利拉被任命并随后采取了一系列战略决策之后的六年，诺基亚成为世界移动电话领域的领先者，其产品比其他任何一家公司的产品都畅销，并在全球商业媒体中赢得了好评。

1998 年，诺基亚成为世界移动电话领域的领先者，其产品比其他任何一家公司的产品都畅销，并在全球商业媒体中赢得了好评。

2000 年，人们普遍认为电信业坠入低谷。当时，奥利拉和他的妻子正在

整修位于赫尔辛基(Helsinki)北部有200年历史的家园,奥利拉不仅没有逃避,反而站出来为公司提出了发展规划。他坚定的决心和意志力受到了媒体的关注:2003年的《时代》杂志把奥利拉形容为一个"魅力十足、又有点书生气的CEO",他已经"使得一个有着136年历史的企业从一个毫无特色的大型企业集团转变为一个科技领域的天才"。

约玛·奥利拉(1992年至2006年的公司总裁兼CEO)与康培凯(2006年以后公司的CEO)

武装发展

2006年,曾在诺基亚公司任职13年的诺基亚前CFO康培凯(Olli-Pekka Kallasvuo)接替约玛·奥利拉,担任公司CEO。奥利拉则成为诺基亚兼职董事会主席,并同时担任荷兰皇家壳牌(Royal Dutch Shell)公司和福特汽车公司(Ford Motor Company)的非执行主席。

1953年7月13日出生于芬兰的康培凯在很大程度上是一个诺基亚式的人物,有25年的诺基亚工作经验,于1980年加入诺基亚公司,拥有赫尔辛基大学法学硕士学位的他当时担任公司的法律顾问,之后稳步而迅速地在公司得到发展。

奥利拉掌管期间并非一帆风顺,他的确领导着通信市场度过了一个艰难而又极具竞争力的时期,同时也不时成为媒体抨击的焦点人物。当竞争对手推出带有摄像和音乐功能的手机时,分析家和投资者们批评他很少创新，因为他所推出的手机只有单一的响铃和振动功能。

然而，我们不得不承认的是，很难为奥利拉找到一位更合适或者更有经验的人来进行权力交接了。而康培凯也知道自己任务艰巨："奥利拉对人们来说是望尘莫及，不过我并不向后看，而是向前看，期待着今后的任务和挑战。"康培凯曾经这样告诉《金融时报》。

2006年康培凯兑现了他的诺言，将诺基亚的网络业务同西门子(Siemens)的运营商相关业务部门合并，组建了新的诺基亚西门子网络公司(Nokia Siemens Networks)。在闲暇时间里，他热衷于高尔夫、网球和时政历史。

位于芬兰埃斯波的诺基亚总部

诺基亚目前境况如何？

随着计算机、数码影像和互联网业务的不断发展，移动通信媒体网络也日益发展，诺基亚公司毅然将目标定位于同行业发展的最前沿，并宣称在其通信业的历史发展道路上将一如既往，致力于开拓性的创新。这并不是说道路很平坦，2006年10月在一次关于"趋同性"问题的对话中，康培凯告诉《经济学家》："我们必须要非常小心，将重点放在消费者需求上，否则将会像瑞士军刀那样犯方向性的错误。"

如果数字可以说明一切的话，消费者也是乐意接受的。2007年，诺基亚被评为全球最有价值品牌的第五名，这正好与诺基亚西门子通信公司的创立以及新的互联网服务品牌Ovi的推出相呼应。诺基亚当之无愧地被称为电信业真正的先锋，而这种持续发展和创新，进一步巩固了诺基亚的声誉。现在诺基亚可以自称为移动通信行业的全球领导者、世界上最大的相机制造商和数字音乐的领导者，而它起初刚刚成立之时却是那么不为人知。

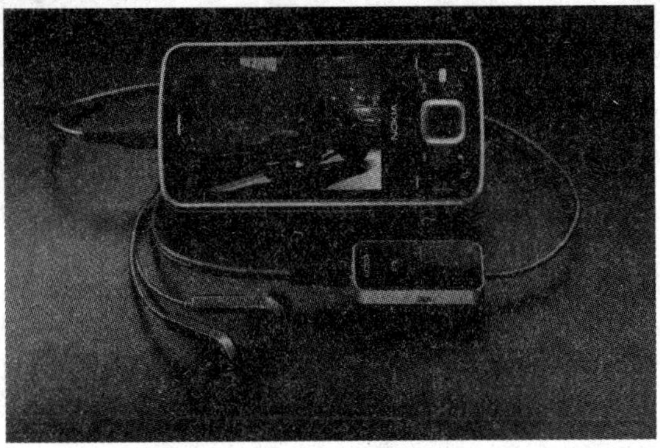

当今时代：诺基亚 N96

诺基亚公司认为，到2008年年底将有大约20亿手机用户。他们笃信，移动通信是人类历史上发展最快的技术。他们还设想，到2009年年底约40亿人将会使用移动通信设备。这种巨大的增长主要来自中国、印度和其他快速发展中国家，在这些国家手机正在取代固定电话，成为大多数人的基本通信工具。世界上每售出三部移动电话就有一部是诺基亚的产品。在2008年第二季度，诺基亚占到了全球移动终端市场40%的市场份额。到目前为止，诺基亚是芬兰最大的公司，公司总部位于埃斯波(Espoo)。在赫尔辛基股票交易所，诺基亚公司的市值占整个交易所市值的1/3，2007年年底公司拥有11.2万名员工。

诺基亚现在自称是移动通信的全球领导者、世界上最大的相机制造商和数字音乐的领导者。

具有讽刺意味的是，一家部分起家于林业（一个不可避免的相对发展缓慢的行业），部分依赖于电缆生产制造的企业，现今却发展成为一个基于无线通信这个世界上发展最快的领域、有着巨大发展潜力的公司。也许真是验证了那句名言：大胆的、灵活的企业可以把威胁转化为机遇？不过有一点似乎是确定无疑的，即诺基亚铃声将在未来几年响起更多次。

索　尼

——一个电子品牌

创 始 人：井深大（Masaru Ibuka）和盛田昭夫（Akio Morita）

创始人开始创业的年龄：38 岁和 25 岁

背　　景：工程领域及酿造清酒的家族企业

创立年份：1946 年

公司类型：消费电子

目前涉足经营的国家：全球 150 多个国家

销售额：470 亿英镑（880 亿美元）

并不是很多人都熟悉日本的东京通信工业株式会社（Tokyo Tsushin Kogyo），但是他们肯定听说过日本的索尼（Sony）公司，东京通信工业株式会社就是索尼公司的前身。索尼公司是由井深大和盛田昭夫这两个好朋友，在半个多世纪之前创立的，公司开发的第一个产品是电饭锅。现在，索尼公司则以更迷人、更有魅力的产品而著称于世。许多产品都革命性地改变了消费者应用技术的方式，而今，索尼的发明创造更是给全世界成百万的消费者带来了乐趣。凭借着其标志性产品，诸如随身听、PlayStation、影音一体化笔记本等产品的相继推出，索尼成为消费电子行业的最知名品牌之一。同时，索尼在音乐、动漫和广播电视领域也有一定的名气和声望。

思想火花的碰撞

当井深大还是个孩子的时候，他就特别爱钻研。他喜欢用不同技术做实验，也是一个劲头十足的无线电报的业余爱好者。他创新的热情在大学期间就初露端倪，有"天才发明家"的绰号。1933 年他毕业于东京早稻田大学(Tokyo's Waseda University)科学与工程学院，这是日本最顶级的学术机构之一。在毕业后的 12 年中，他曾就职于不同的公司，主要从事录音和电信业务。

1945 年，日本正慢慢从第二次世界大战的阴影中走出来，当时经济处于非常困难时期。这似乎并不是创业的最佳时期，但是对井深大来说，能够用科学技术去做实验的诱惑已经足够大，因此他用自己的一部分积蓄，在一个被炸毁的工厂车间开办了一个无线电维修店，名为东京通信工业株式会社，也被翻译成东京电信工程公司(Tokyo Telecommunications Engineering Company)。一年以后，盛田昭夫在报纸上看到了一篇关于无线电流行度不断上升的报道，这篇报道中提到了井深大，于是盛田昭夫加盟了井深大的店。这两个人在战争期间曾见过面，并建立了友谊，当时，盛田昭夫是日本帝国海军的一个官员，而井深大则是一个民间无线电工程师。

盛田昭夫加盟井深大的店时是毫不犹豫的，他和井深大也成为了生意上的搭档，两人拼凑了约 500 美元(折合为现在的 5 257 美元或 2 985 英镑)作为资本投资，也雇用了一些员工。盛田昭夫出生于日本名古屋(Nagoya)一个从事清酒酿造的家族。名古屋是日本第四大城市。盛田昭夫从出生之日起就被期望能接管这个拥有 400 年历史的家族企业，然而具有企业家精神的他，拒绝了这种稳定而可靠的生活方式，更热衷于更具风险性的事业。

井深大和盛田昭夫在事业上互为补充，井深大专注于电信和教育方面使用的电子元件，并经常在办公室的地板上把这些原件拆开，看它们的工作原理,而盛田昭夫则把精力集中在市场经营和品牌方面。他们追求最好的技术与最优的品质完美结合的产品。公司发明的第一个产品——电饭锅,于20世纪40年代末期开始投放市场,但却遭遇了商业上的失败,因为它煮的大米不是不熟就是被烧焦。这貌似灾祸,但却使他们因祸得福,因为这次失败使得盛田昭夫和井深大意识到真正能够让他们一展身手的是通信行业,而不是炊具行业。这也是盛田昭夫和井深大获得成功的真正原因。在公司成立的第一年,公司实现了300美元的利润收入,其销售总额不到7 000美元。

他们追求最好的技术与最优的品质完美结合的产品,但是真正能够让他们一展身手的是通信行业,而不是炊具行业。

坚持不懈,终有回报

随着日本经济开始复苏,消费品需求不断增加。井深大和盛田昭夫决定放弃家用电器市场,选择他们喜欢和最了解的电子产品。井深大已经为公司准备好了企划书,在企划书中他阐述了自己的观点:“我们必须避免一些大公司经常会发生的问题,同时创造和引进一些大公司所无法比拟的技术。”

1950年,盛田昭夫的父亲注入资本后,井深大和盛田昭夫首次推出了自己的电子硬件设备——日本最早的盒式录音机,他们称之为G型。产品虽有一定的技术含量,但在设计上仍较为欠缺——产品体积太大且过于笨重,其粗笨的外观自然导致了产品的又一次滞销。但是这一次并不像以前的电饭锅经营,井深大和盛田昭夫决定要打开这种产品的销售市场。

产品的销售仍然停滞不前,直到一个偶然的机会,井深大发现了一本美国军用小册子,小册子的题目是《磁带录音机的999种用途》。随后,井深大和盛田昭夫把这个小册子翻译成日语,并尽可能地大范围分发这本小册子。这本小册子作为一个营销工具发挥了极其有效的作用,盒式录音机的销量急剧上升,以至于公司不得不转移到一个更大的场所去营业。

然而，处于业务核心地位的仍是产品创新。不久，井深大就开始用其他的模板做实验，并将注意力转向了晶体管收音机。晶体管最初是由美国的研究组织贝尔实验室（Bell Laboratories）开发的，后来西方电器公司（Western Electric）购买了这项技术。其他的美国公司也已经开始制造晶体管收音机，但主要用于军用装备。20 世纪 50 年代早期，井深大去美国旅游时，偶然发现了晶体管收音机在商业市场上的潜力。后来井深大说服贝尔实验室，以 2 500 美元的价格将这项技术以特许经营的方式转让给公司，目标是用它来发明一种小型的、无管收音机。几个月后，在 1954 年，井深大和盛田昭夫开始大量展销这种晶体管收音机。

盛田昭夫也从他首次的美国之旅之后再次返回到美国市场，不仅仅带来了其讨价还价想要得到的东西，也更换了公司的名称。他意识到公司需要一个在日本本土以外既能被人识别，也易于拼读的名字。将公司的全称缩写为三个英文字母 TTK 的可能性已经被排除，因为已经有其他的日本公司在使用这个名字。取名的灵感来自于公司业务本身："Sony"一词来源于拉丁文 sonus——sonic（声速）和 sound（声音）的词根，同时"Sonny-boys"在日本俚语中是"小男孩"的意思。因此，"Sony"一词既浓缩了公司产品的特质，也体现了其背后的创造力。

索尼的成长之路

1955 年，公司生产了它的第一个衣服口袋般大小的晶体管收音机——TR-55，"索尼"这个名称也首次作为商标印在产品上。那时的日本人仍然在战后的一段困难时期里挣扎，还消费不起昂贵的电子产品。因此井深大和盛田昭夫就瞄准了美国市场及其强大的经济实力。从某种程度上来说，全球扩张也是一种必然的选择。"我知道我们需要一种能突破美国市场的武器，它必须具有一些与众不同的特质，是其他任何一家公司都制造不出来的产品。"这段话是后来盛田昭夫在接受《时代》杂志采访时说的。然而，第一次进军美国市场的尝试却事与愿违，因为批发商对这个产品并没有太大的兴趣。他们辩称小型产品在日本很流行，但美国的消费者更喜欢体积较大的产品。

"Sony"一词来源于拉丁文 sonus——sonic(声速)和 sound(声音)的词根,同时"Sonny-boys"在日本俚语中是"小男孩"的意思。

即便如此,盛田昭夫和井深大仍然不认为进军美国市场是不可能的。他们仍坚持不懈地努力,又推出了各种不同型号的产品样式。最终索尼从一家创立已久的美国手表制造商——宝路华(Bulova)那里获得了一份数量达 10 万台的订单,但前提条件是产品要使用宝路华的名称而不是索尼这个名称。最后,盛田昭夫拒绝了这一订单,毕竟公司的企业精神是创新,盛田昭夫是想发展他们自己的品牌,而不是仅仅为其他公司贴牌生产。相反,他接受了相对小额的订单,这使得公司得以保持一个适度、稳定、合理的增长速度。后来,盛田昭夫回忆起这段往事,认为这是他在公司曾经做过的最为明智的一个决定。1956 年,他们售出了大约 4 万台便携式晶体管收音机,需求量也在逐步增长。和在美国市场上的做法一样,他们也开始把晶体管收音机出口到新西兰和德国。

在自传中,盛田昭夫承认他确实还不能把收音机做到小得足以放进衬衫的口袋里。但他始终是一个具有创新精神的人,他为公司的销售人员定制了有较大口袋的衬衫,这样比起来,收音机就显得相对较小了。

1957 年,公司生产了当时在商业化产品中体积最小的晶体管收音机,尺寸是 112×71×32mm。它在整个世界范围内立即获得了成功,打开了美国十几岁青年人的市场。此次成功部分原因是由于当时摇滚乐的出现,来自美国各地的十几岁的青年人都争相购买便携式收音机。从数字上看就可以不言自明,1955 年大约有 10 万台便携式收音机被卖掉。到 1958 年销量已达到 500 万台,这一年公司正式宣布把名称改为索尼公司。

风头正健,接二连三的行动

仅隔一年以后,索尼宣布它已经发明了晶体管电视机,12 个月以后这种产品就投放到了市场。当公司同其所指定的负责索尼海外市场销售业务的德尔莫尼科国际(Delmonico International)公司发生了争执之后，盛田昭夫和井深大决定开设公司的海外办事处，一个设在纽约，另外一个设在瑞士。1961年，公司开始在美国股票市场上市，这也是第一家在美国上市的日本公司。1963年，盛田昭夫到美国刚刚一年多，就将全球扩张的步伐又向前推进了一步。他认为，为了产品在美国更好地销售，他必须更多地了解美国人和他们的生活方式。盛田昭夫和一些来自美国大公司的高管建立了长期的合作关系，后来证明此举乃明智之举。这些人在后来索尼建立合资公司时起到了关键性的作用。这也标志着索尼迈出了开始建立国际化网络的第一步。后来，索尼不断向全球扩大其生产基地，建立了100多家子公司和分公司。

在晶体管技术之后，索尼公司继续开辟技术方面的新天地。索尼公司也以现代技术的先锋而著称于世，其创新性的发明一个接着一个，包括调幅/调频收音机和磁带录像机，这些产品均在20世纪60年代早期问世。在60年代末期，索尼的工程师又开发了彩色电视机技术，这在当时是个首创，他们将其命名为特丽珑映像管技术。索尼也继续它的全球扩张。1968年，索尼在英格兰建立了办事处，并同哥伦比亚广播公司(CBS)联合创立了一家合资公司，这家公司日后成为日本最大的唱片制作公司。1974年索尼成为在英国开设工厂的所有日本公司中最为重要的一家。

全球性扩张与进一步的产品创新是相伴而行的。索尼下一个开发的产品是Betamax格式的盒式磁带录像机，并于1975年投放市场。盒式磁带录像机很快就变成了一项大的经营业务。但也并非都是好消息，因为像东芝(Toshiba)等竞争对手也开始应用了索尼最先开发的技术，并生产了自己的产品，这导致了索尼产品市场份额的丧失。

艰难时期

然而，索尼在研发上的投资是极其巨大的。1979年7月，索尼推出了个人立体声随身听。但是刚开始，主要的电子零售商都表示没有太大的兴趣。80%以上的零售商都怀疑这个产品对消费者是否具有吸引力，它们认为没有录音装置的盒式磁带播放机很快就会下架。产品一开始销售得非常缓慢,发行当月仅仅卖出了3 000套,索尼却坚持认为人们将会需要通过这个产品去欣赏音乐。

他们把目标市场锁定在读高中和大学的年轻人,这使得产品通过口头宣传的方式而赢得了增长势头。当随身听在国内外获得了巨大的成功时,批评家们的意见又一次被证明是错误的。在《新科学家》杂志的一篇文章中,盛田昭夫说道:"科技并不能代表一切,我们也需要一种创新性的营销手段。随身听虽然算不上是一种创新技术,但是它创造了一个巨大的市场。"第一款随身听投放市场后十年,生产量超过了5 000多万。截至1982年,随着索尼推出世界上第一批激光唱片,它又一次应用了自己创新性的营销方式。

> 科技并不能代表一切,我们也需要一种创新性的营销手段。随身听虽然算不上是一种创新技术,但是它创造了一个巨大的市场。

毋庸置疑,迄今为止,索尼公司的成功主要归功于它能领先竞争对手推出新产品的能力。除此之外,盛田昭夫也有着不同寻常的本领,使得自己能够为新产品预测并创造市场。但是另一方面,公司所受到的来自于竞争对手的威胁也越来越多。而这还不是阻碍索尼在电子消费市场上保持统治地位的唯一因素。由于索尼没能通过鼓励其他公司参与自己的创新过程而将自己的产品变成行业标准,由此而带来的不良影响很快就凸显出来了。

索尼的竞争对手松下电器(Matsushita Electric)公司,现已开发了一种独立格式的录像机,称为VHS型号,但它与索尼的Betamax并不兼容。松下电器公司发起了一场富有攻击性的营销战,他们劝说消费者和制造商应用这种新格式的录像机,说Betamax格式的盒式磁带录像机很快将被市场淘汰。索尼和松下的这场营销大战,其结果是双方都没有从中受益,并都被迫降价。尽管人们普遍认为Betamax格式的盒式磁带录像机的技术更高级,但最终事实却证明VHS格式的JVC录像机在市场上更受欢迎,因为使用 VHS 格式的 JVC 录像机,可以购买或租到的影片更多。直到 20 年代 80 年代后期,索尼才开始采用 VHS 这种格式,但无疑已经丧失了巨大的市场份额。

新的方向

到 20 世纪 70 年代末期,将近 70 岁高龄的井深大,已将手中大部分权责都转交给了年轻的经理人们,但他仍继续担任公司的顾问,直至 1997 年他因心脏病而辞世。大贺典雄(Norio Ohga)是索尼公司新成长起来的一颗新星,他在 1982 年继任公司董事长一职。盛田昭夫也减少了自己在公司的一些权责。在大贺典雄的带领下,索尼公司进入了崭新的时期,期望能避免像在 Betamax 格式的盒式磁带录像机上所犯下的错误。

1985 年,索尼向市场推出了第一款摄像机,它可以把视频记录在标准的 8 厘米厚的磁带上,这是和 100 个竞争对手一起开发的。尽管这种设备与 VHS 型号或 Betamax 格式的盒式磁带录像机型号都不兼容,但索尼已经确保这种技术将会与下一代摄像机兼容,因此索尼着眼的是保护自己未来的长期利益而不是短期的眼前利益。这是一个明智之举——在产品投放市场的三年之内,这款摄像机已经占据了欧洲市场 50%的份额、北美市场 30%的份额和日本市场 20%的份额。

从过去的经验中大贺典雄也认识到,仅仅依靠自己的力量去开发高科技的产品是远远不够的,他也开始去辨别市场上一些有潜在价值的收购对象。1984 年,索尼购买了苹果电脑硬件技术业务,从而使自己在日本办公电脑的市场份额占到了 20%。三年后,索尼以 20 亿美元(折合成今天是 37 亿美元或 20 亿英镑)的价格购买了哥伦比亚广播公司的唱片事业部,试图在电子软件和娱乐产业方面占据主导地位。这一举措是想确保索尼公司所生产的音乐产品在将来较长一段时间内与音乐录制介质保持兼容。

然而,直到 1989 年,索尼公司才以 34 亿美元(折合成现在是 60 亿美元或 30 亿英镑)的天价从可口可乐企业(Coca-Cola Enterprises)公司手中收购了哥伦比亚广播公司,这个天价收购当时上了很多报刊的头条。此次收购使得索尼获得了更多的电影唱片和一个强大的美国分销系统，但也使索尼欠下了将近10亿美元的债务。支付高额债务利息是使索尼在20世纪90年代早期陷入困境的诸多因素之一。

全球挑战

索尼公司遍及全球的业务部都遇到了困难。在20世纪90年代早期，许多全球最大的经济实体都遭到了经济衰退的打击。索尼的经营收益也受到了威胁，特别是在日元对其他大部分主要货币不断升值的情况下。1993年，索尼的销售额是516亿美元（344亿英镑），净收入却下降了70%，只有3.13亿美元（1.88亿英镑）。

在这一时期，担任索尼总裁的大贺典雄以及公司名誉总裁盛田昭夫，都在1993年遭到了一些质疑。接着由出井伸之（Nobuyuki Idei）接任总裁职务——30年前他曾帮助索尼公司建立了法国事业部。尽管其新的管理团队中注入了新生力量，但索尼的电子业务仍然在走下坡路。公司开始涉足游戏产业，这对挽回索尼的名誉和拯救公司的利润起了很大的作用。

继续向前

1991年，索尼作为一个在电子游戏行业有一定影响力的新进入者，开始和日本的游戏生产商任天堂谈判，计划生产一种和任天堂娱乐系统连接的游戏机PlayStation。然而，因为两个公司的愿景相冲突，交易曾两度受挫，最终索尼只好依靠自己的力量去开发电子游戏系统。而这正是一种将为公司带来回报的战略。1994年，索尼开发了PlayStation，并在背后辅以强势的广告宣传，一年以后在美国正式投入市场。索尼有意避免在Betamax格式的盒式磁带录像机系统上所犯的错误，在PlayStation投放市场的前些年，索尼已成为独立的电子游戏开发商，以确保一系列游戏将能被开发并投放市场。为了能够更好地对业务的软件方面进行控制，索尼也建立和购买了自己的电脑游戏开发室，以便于从成功的游戏业务上获得高额的利润。PlayStation立即获得了成功，多次被抢购一空。几年之内，PlayStation 和其后的 PlayStation2 主导了市场。索尼凭借着自己的游戏打败了电子游戏机生产商任天堂和世嘉公司。

> PlayStation 立即获得了成功，多次被抢购一空。几年之内，PlayStation 和其后的 PlayStation2 主导了市场。

个人电脑业务是索尼公司的下一个目标。1997 年(发展电脑个人业务已经相对较晚)，索尼开始销售个人电脑生产线上的 VAIO 电脑系列，尽管没有人会挑剔这款异常时尚的电脑的质量，但较高的定价就意味着销售缓慢。1999 年，盛田昭夫因患肺炎而去世，出井伸之把索尼定位于为 21 世纪网络时代服务，这预示着索尼经营业务方向上的转变。到 2001 年 10 月，索尼和爱立信(Ericsson)开始合资生产手机，也与手机行业的重量级企业如诺基亚、摩托罗拉等展开了竞争，并在伦敦建立了全球总部。

但是索尼还无法把握电子消费市场上每一次重大的新进展。它曾错过了个人电脑市场的早期发展阶段；在洞悉 MP3 的市场潜力方面也慢了一步；没有更好地利用互联网技术所提供的发展机遇，从而使得自己的竞争对手，诸如苹果公司得以开发出 iPod 这样极为成功的产品；由于不能利用新的纯平技术，索尼也一度丧失了在电视行业的市场份额，导致了销售额的停滞不前。

索尼目前境况如何？

2005 年，作为董事长和集团 CEO 的出井伸之卸职，曾任索尼美国公司总裁和 CEO 的霍华德·斯金格(Howard Stringer)继承了他的衣钵。他的任职开创了首次由一个外国人来全权管理一家重要的日本电子公司的先例。通过改进电子、游戏和娱乐三个核心领域的业务，他开始对公司进行重组，以此来重振索尼的雄风。

近年来，跟电子行业的几乎任何其他一家企业一样，索尼始终致力于在电脑和电视之间架起一座桥梁。但2008年可能就是索尼将电脑和电视这二者连接在一起的一年。索尼一直大大推崇蓝光技术，它是一项支持动漫画面制作的技术。这是一场艰难的战役，索尼一直和东芝齐头并进，但2008年初期，东芝宣布将会放弃提供高清技术。索尼也一直在考察一些新机会，比如增加视频设备上播放的内容，开发B2B市场。2008年早期，索尼还推出了公司VAIO系列的首款产品。

由于定价较高(因为它是一款先进技术规格的产物)，而且由于竞争对手任天堂的Wii游戏机采取了不同的竞争战略并获得了较大成功，索尼的最新产品PlayStation3比预期销售得要慢。但了解索尼的人都知道，这场竞争还远未结束。

因此，索尼和所有公司一样，也需要适应这个世界。在这个世界中，并不一定每一个新的、伟大的构想都要由自己来提出，相反，每个企业都需要找到一种能够使得自己在这个竞争日益激烈的世界保持长盛不衰的方法。这也正是盛田昭夫最初的核心经营理念的写照，也许这在他的自传《日本制造》(*Made in Japan*)中我们可见一斑："如果你始终抱着'自己的方式总是最优的'这样一个理念来生活的话，那么这个世界上所有新的想法都会和你擦肩而过。"

① Sony、WALKMAN和VAIO是索尼公司的注册商标。

② PlayStation1、PlayStation2和PlayStation3是索尼计算机娱乐公司的注册商标。

③ 所有其他商标都是各自所有者的财产。

Bebo

——一个社交网站的奇迹

创 始 人：迈克尔·伯奇（Michael Birch）和西奥琪·伯奇（Xochi Birch）

创始人开始创业的年龄：35 岁和 33 岁

背　　景：保险业和网上投资

创立年份：2005 年

公司类型：社交网站

创立国：英国

目前涉足经营的国家：全球 7 个国家，很快将再发展 5 个国家

销售额和净利润：不详

在过去的几年中，像 Facebook、Myspace、Youtube 这些网站在用户规模上都急剧膨胀，几乎都是从无人知晓成长到今天拥有上亿固定用户，特别是集中在 30 岁以下的群体。如果你认为像互联网这样的现象纯粹是美国人的发明创造，那么虽然也可以原谅，但是你错了。

由英国人建立的社交网站 Bebo，全球用户的总数已达到 4 500 多万。那么这个网站的创始人迈克尔·伯奇在 2005 年是怎么开始缔造 Bebo 这个社交传媒网站的呢？

网络知识

迈克尔认为 Bebo 背后的理念是极为明确的，那就是：给客户他们想要的，而不是他们不想要的东西。这句话听起来很简单，但是对迈克尔来说，Bebo 也是一个长期反复试错的产物。自从迈克尔辞去了他在保险公司的 IT 工作后，Bebo 是他的第六次冒险创业。对他来说，在他找到成功之路之前，他经历了一条长达三年的学习曲线。在 Bebo 映入我们眼帘之前，迈克尔有三次冒险创业以失败告终，两次取得了一定的成功。迈克尔对他早期冒险创业的各种命运都能泰然自若、辩证地来看待：“这是一个获取经验的过程，但正是因为其中有些事情失败了，这一过程才不是徒劳无益的。从这一过程中你学到了你所能学到的东西，意识到了某个能够发挥良好作用的要素，然后将那个要素放大，并使其推动你的新事业的发展。”

迈克尔所有的创业都与网络有关。在他还小的时候他就知道他想要创立并经营属于自己的事业，互联网的出现为他提供了契机，更重要的是，为他提供了一个他所需要的平台。他这样解释道：“我很快就意识到这是一个非常完美的创业媒介——而且我已经拥有了一半的成功要素，因为我对网络的 IT 方面非常了解。”拥有电脑方面的背景知识，互联网自然成了迈克尔的“牡蛎”（“牡蛎”比喻让人得到的利益或乐趣的事物。——译者注）。

> 这是一个获取经验的过程，但正是因为其中有些事情失败了，这一过程才不是徒劳无益的。从这一过程中你学到了你所能学到的东西。

来之不易的成功

迈克尔在早期曾经经营过一个叫 Birthdayalarm 的网站，网址是 www.Birthdayalarm.com。该网站通过邮件的方式提醒用户一些重要的日期，比如用户的生日或周年纪念日等，曾获得了一定程度的成功。该网站创立之后并持续运行的过程中，迈克尔开始注意到了另外一种新型的网站形式的出现。

他被首批诞生的那些社交网站深深地吸引住了，如 1997—2001 年的 www.sixdegrees.com。对于如何改进此类网站的内容设计问题，他也有一些自己的想法。因此，2003 年在他的 Birthdayalarm 网站团队的协助下，他设计了一个照片交流的社交网站，名为 Ringo.com。

创始人迈克尔·伯奇和西奥琪·伯奇

迈克尔所有的创业都与网络有关。……互联网的出现为他提供了契机，更重要的是，为他提供了一个他所需要的平台。

该网站立刻获得了巨大的成功，迈克尔对它的快速成长甚至有点措手不及。迈克尔意识到这一点，同时也意识到支持像这样快速成长的网站需要支付高昂的费用，所以他决定将其出售——从开始创立到将其出售仅仅有三个月的时间。“我们负担不起继续投入资源的费用。一周之内便有三个买家要收购该网站，这是一项炙手可热的资产，”在回忆起自己和妻子，也就是他的商业合作伙伴西奥琪当时的情形时，他如是说道，“当时它是仅次于 Friendster 的第二大社交网站。我们决定将其出售，并把精力集中在我们正在运营的其他事情上。”鉴于当时许多新创立的网站都因无法应付人们所期望的快速膨胀而倒闭，迈克尔将网站出售不失为明智之举。有意思的是，2008 年 6 月，Ringo.com 关闭了它的互联网之门。

对于那些不知道社交传媒网站是什么的人来说，这类网站就是一种任何人都可以在上面注册登记并建立个人网页的网站。这个个人网页可以使得那些任何愿意予以关注的人们了解有关注册用户的好恶；注册用户成员之间可以互相聊天，也可利用他们的好恶去搜寻其他志趣相投的人在网上聊天。有一些网站也允许注册用户往他们自己的网页上上传照片、剪辑的视频或者他们喜欢的物品。社交传媒网站构成了"web 2.0"的主要内容——"web 2.0"指的是所提供的互动性要远胜于第一代互联网的新一代网站。

Bebo 的诞生

迈克尔不得不放手 Ringo 网站，但是他与社交传媒网站的缘分并没有到此为止。随着家庭互联网链接的日益普及，并首次达到一个规模发展的关键节点，迈克尔也在不断积蓄力量。"现在仍是社交传媒网站的早期发展阶段，但我开始观察到那些互相交流的人们是如何轻而易举地结合了其他类型的媒介，比如音乐、视频以及其他任何一种突然流行起来的东西，比如说博客等。人们正通过一种更为积极的方式相互沟通、联系，而这种方式又蕴藏着巨大的力量和无限的商机，这一切都让人如此着迷。"

接触了一些新兴的社交网站之后，迈克尔拿出一张白纸，静坐下来，勾勒出他眼中社交传媒网站最终的未来图景。最初网站只是一个分享照片的场所，到出售 Ringo.com 的无竞争条款到期时，它已经发展成为一个更宽泛的社交网站。

独树一帜

迈克尔意识到，他必须以一种独特的方式进入这个市场。这对他来说，就是要为年轻人提供一种产品，这种产品能够满足他们对这类网站的需求，而这需要对于他们在这种社交网站中究竟需要什么以及(同样重要的)不需要什么有一个准确的理解。

> “我开始观察到那些互相交流的人们是如何轻而易举地结合了其他类型的媒介。”

迈克尔断定,这意味着网站不能过于专注于某一特定人群而将其他人排除在外,也不能过于复杂或者像某些竞争对手那样将功能设置得过于烦琐。“网站的设计必须简单易行、便于使用。几分钟之内你就可以注册完毕、进入主页并且浏览运行。网站上也有一些较为复杂的功能,但你不必启动。其他一些网站由于设计得过于花哨而拖延了用户的运行时间。”

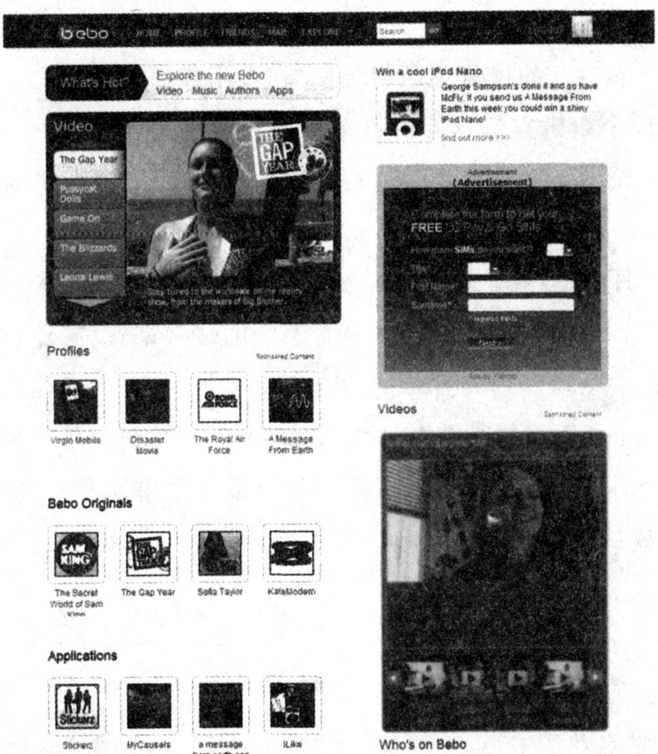

THE HOMEPAGE THAT GREETS BEBO USERS

欢迎 BEBO 用户的首页

对迈克尔而言，第二个基本的问题就是要创建一个能包容并鼓励网络发展的环境。他的一个基本想法就是要创立一个"健康的网络群体"，但对于群体内具体的沟通方式等却不做明确的规定。对于互联网颇为精通的年轻人很可能是一个颇为挑剔的消费群体，所以迈克尔将重点更多地放在了提供一个恰当的互联网环境方面，而不是提供一个狂歌热舞的设计。他试图使用恰当的美学设计加上简单的功能设置，来使得自己的网站卓尔不群，并进而不断地鼓励更多的用户登录并使用网站。他认为："我们不要过于共性化，这一点至关重要"，因为这会偏离年轻人的特征，有碍于他们自由表达思想，不符合他们创造个人特质的身份要求。

游击营销

不要过于"共性化"就意味着大规模为网站做广告的做法行不通。成功的社交传媒网络必须依靠自己的优势不断得到发展，而不能通过一块告示板或者成千上万个宣传小旗来宣扬这个网站非常值得浏览。迈克尔评价说："靠广告迫使人们浏览网站的方式，几乎不可能设计出一个令人感觉自然的社交传媒网络。"

因此，当 2005 年 7 月 Bebo 开始运转的时候，几乎没有进行任何广告或营销活动。Bebo 仅利用 Birthdayalarm. com 做了两天的链接来宣传，随后网站主要依靠既定的公关活动和口碑宣传的力量而得以传播，更确切地说是靠鼠标点击的力量。正如迈克尔所描绘的那样，"事实上我最初只是在为数不多的几个人中播下了种子，然后它自己就开始慢慢地生根发芽"。但 Bebo 最后确实就这样成长起来了。

飞速发展

他们为 Bebo 这个域名花了 4 500 英镑（约合 8 000 美元），因为这个名字较为活泼、信手拈来，但又无特殊含义（现在它经常被认为是"早点博客，经常博客"的含义）。主要是受益于业已建立的 Birthdayalarm. com 网站所积累的经验，Bebo的启动成本极小，特别是在最初两个月里其开支被降到了最低，这是非同寻常的。由于广告获得了一定的收益，所以网站的现金流稳定为正。

迈克尔和西奥琪通过代理商来为他们做广告，并将每笔销售额的1%作为广告费用支付给对方，这种做法一方面能够降低Bebo的运营费用，另一方面也能使他们腾出时间而集中于网站建设。这种模式也使得他们尽管仅在一个国家运营，也能够在不同国家做广告（在每个国家找到相应的代理商去为他们打广告）——这一点非常重要，因为Bebo很快就在全球市场拥有了大量的用户。

事实上从一开始，国际扩张就是Bebo的一个非常清晰的战略思路。有意思的是，由于迈克尔和西奥琪认为在诸如澳大利亚和英国本土市场有更多的需求有待开发，所以他们最初主要集中于美国以外的一些国家。他们想在全面开发美国市场以前，先把根基扎牢。

在Bebo创立后的仅十个月内，也就是2006年5月，在"美国年度民意评奖"活动中，有30多万网民将Bebo评为最好的社交传媒网站。2006年年末，谷歌热词榜宣布："Bebo"在当年的搜索字词中居首位。Bebo已稳居世界社交传媒网站中的领军地位。Bebo已经拥有28个全职员工，每月所接收的印象分页类（Page impression）超过50亿，并准备将这个数字不断推向新高。

尽管Bebo的现金流稳定为正，但迈克尔和西奥琪都认为，要想维持Bebo较为迅速的发展步伐，所需资本要远远大于他们已有的资本量。是注入资本的时候了。于是在2006年5月，基准（Benchmark）资本公司投资了782.4万英镑（约合1 500万美元）用于购买公司还未公开发行的股票。这使得Bebo有了一个非常好的财务基础，一旦他们觉得时机成熟，就可以实现快速成长，而不必经历先筹资、再发展的过程。

Bebo的锐意崛起

2007年年初，Bebo为巩固它在社交网络领域的领先地位，采取了一系列重大措施，特别是加强了它的高层管理团队。一月份，迈克尔和西奥琪任命乔安娜·希尔德(Joanna Shields,负责谷歌在欧洲、俄罗斯、中东和非洲地区的战略合作伙伴关系的前任常务董事)为总裁。乔安娜·希尔德的任务非常明确,就是扩张 Bebo 的业务。此项任命标志着 Bebo 已经迈出重要一步,开始将挺进其他市场纳入自己的商业视野,并做出了规划。

在这个扩张计划的最前沿就是网站于 2007 年 4 月宣布推出的首个互动网系列计划——KateModern 计划。在名为 Lonelygirl 15 的在线播放节目在 YouTube 上获得了成功之后(这部作品在 2006 年夏天达到了 5 000 万次的点击率),乔安娜·希尔德很快就意识到了这种新兴的社交媒介形式,它是随着年轻人花在看电视上的时间越来越少,而花在互联网上与网友分享观点、照片和音乐的时间越来越多而出现的。她的目的是通过在线媒介把这种新的在线现象引入 Bebo。当人们仍在怀疑社交网络的后续力量的时候,Bebo 却谨慎培育出了一种新的互动形式。

由 Bebo 授权、与 EQAL 制造公司共同开发,KateMordern 于 2007 年 7 月投入市场。通过 Bebo 的论坛和设备平台,影迷可以和剧中的人物形成互动,甚至可以影响故事的结局。乔安娜·希尔德把钱用对了地方:在首推的第一周,在事先没有使用任何营销手段的情况下,Bebo 的新系列就获得了 10 万次的点击率。

2007 年年初加盟 Bebo 的乔安娜·希尔德带领网站发展到了一个新的高度

这一系列的全部费用几乎完全是由产品投放所产生的收益来支付的。宝洁公司(Procter & Gamble)、MSN、橘子移动(Orange Mobile)公司、派拉蒙(Paramount)电影公司、迪士尼(Disney)公司和贝纳—比斯塔(Buena Vista)电视台等每家公司都连续六个月各支付了 25 万英镑(约合 48 万美元)资助 Bebo 将故事情节融入 KateModern 计划。正如人们所预期的那样,KateModern 很快就获得了成功。其第一系列在第一周就赢得了 150 万观众和 3 500 万次的浏览量。其第二系列于 2008 年 6 月结束,获得了超过 6 700 万次的浏览量。目前 Bebo 正在筹划更多的在线节目系列。

与迈克尔最初设想的要建立一个简洁、毫不花哨的网站的构想明显发生了偏离,Bebo 不得不与时俱进,以确保自己成为网络领域的先锋。

脱颖而出

2006 年 7 月,他们推出了一个新的服务项目——Bebo 音乐,在这里音乐家们可以上传他们自己的音乐;紧接着在 2007 年 2 月,又推出了 Bebo 书刊,在这里作者们可以上传自己著作的章节,并能获得评论和建议。随着 Bebo 在社交网络时代覆盖了越来越多的服务领域,其管理团队意识到,用户在 YouTube 和其他网站上每个月都要浏览超过十亿次的视频(电影),但却很难从他们喜欢的媒体品牌上找到和分享内容,因此在 2007 年 11 月 Bebo 推出了开放媒体平台。

媒体公司现在能够把它们自己的视频内容插入到 Bebo 这个社交传媒网站里面。诸如 MTV、华纳兄弟(Warner Brothers)、天空(Sky)、ITN 和其他 400 个出版商对剪辑的内容或整个节目拥有完全的控制权——它们会在 Bebo 网上进行核查。如果在那些视频的前面或中间插播广告或在播放器周围播放文字广告,它们将保留 100%的广告收益。Bebo 的战略完全不同于任何其他的社交网络或视频分销服务。

乔安娜·希尔德认为:“社交网络已经超出了应用的范畴。Bebo 现在是一个将文化和内容融合在一起的社交传媒网络。人们可以把它作为自我表达的一种方式,使用这种媒体并乐在其中。”

这种前所未有的媒体融合方式使得 Bebo 能够为用户提供一种独特的

服务，同时避开了竞争对手网站的出现。乔安娜曾把社交网站竞争对手 Facebook 比做黑莓，而她说就媒体能力而言，Bebo 就像是最先进的苹果 iPod Touch。

开放媒介平台是网站在向用户提供服务方面慢慢发展的终极目标。与迈克尔最初设想的要建立一个简洁、毫不花哨的网站的构想明显发生了偏离，Bebo 不得不与时俱进，以确保自己成为网络领域的先锋。然而 Bebo 仍坚持关注社群服务：没有用户之间自然、非强迫式的交流和沟通过程，开放媒介平台和其他设备就算不上是获得了成功。

突破语言障碍

正如我们所言，Bebo 的市场仍主要集中于讲英语的六个国家，即美国、加拿大、英国、爱尔兰、澳大利亚和新西兰。但在 2007 年年末，Bebo 推出了波兰语版本的网站，该网站完全被译成波兰语并针对波兰人群的状况进行了调整。为了达到这个目的，Bebo 与波兰领军媒体公司 Agora 合作，Agora 负责 Bebo 在波兰的拓展和宣传工作。通过与这样一个媒体巨头的合作，Bebo 可以获悉最基本的市场知识并能利用 Agora 在波兰业已形成的强大的渗透力和影响力。Agora 还承担了大部分广告销售的任务，这又一次意味着 Bebo 能从 Agora 业已建立的联系中获益。这个明智之举使得 Bebo 在不同语言国家的扩张变得相对顺利。Bebo 已经计划在 2008 年最后一个季度扩张到欧洲大陆，从法国、德国、西班牙、意大利、荷兰这五个国家开始。

Bebo 目前境况如何？

Bebo 现在是不列颠群岛上最大的社交网络（在英国拥有 1 190 万用户，在爱尔兰有 130 万用户），在新西兰位居第一，在澳大利亚位居第二，在美国和加拿大位居第三。

2008 年 3 月，Bebo 被美国在线以 8.5 亿美元（4.17 亿英镑）收购，成为美国在线新建的人民网（People Networks）的一部分。其创始人迈克尔和西奥琪也离开了公司,而乔安娜则被任命为 Bebo CEO、人民网董事长及美国在线执行副总裁。

美国在线的人民网将众多社群平台结合到一起,包括 Bebo、AIM 和 ICQ 的个人交流网站,主营小装置技术的 Goowy Media 公司,以及主业为社交搜索和问答服务的 Yedda 公司。这样,不包括重复计算的用户,他们在全球共拥有用户 8 000 万。

第三阶段是最为令人兴奋的一个阶段,是迄今为止关于开发互联网潜力和能量的一个最大转变。

对于 Bebo 的未来规划,乔安娜说道:“我们正很好地处于互联网发展的第三阶段。我认为我们说的第一阶段就是把用户通过网络联系起来,使他们能够交流,并为支持未来的发展奠定基础。那时最先起步的美国在线、雅虎、MSN 占据了绝对的统治地位。第二阶段就是搜集信息,并使人们获得信息搜寻的路径,当然这个阶段由谷歌占据着主导地位。而且在整理全球信息,使人们可以获悉并利用这些信息这个领域,谷歌始终占据着强势地位。第三阶段是最令人兴奋的一个阶段,是迄今为止关于开发互联网潜力和能量的一个最大转变,因为它在线创建了一个社群并提高了我们生活的质量。处于这个阶段核心的就是社交网络,比如 Bebo,Bebo 正在成为人们体验网络的一个中心。”

Bebo 的创始人迈克尔·伯奇计划终止其社交网络业务,除了将部分时间投入家庭生活以外,他专注于投资新创企业——从本质上来说,他是一位企业家。

Bebo 在 2008 年的广播新闻协会奖项中被授予了广播事业杰出发展方面的创新奖,并且它最初的项目 KateMorden 也获得了英国电影学院大奖的两项提名。

eBay

——购买力

创 始 人：皮埃尔·奥米迪亚(Pierre Omidyar)

创始人开始创业的年龄：28 岁

背　　景：软件工程师

创立年份：1995 年

公司类型：网上拍卖网站

目前涉足经营的国家：39 个市场

销售额：22 亿美元(10 亿英镑)

15 美元看起来可能微不足道，但正是这笔钱催生了我们今天所熟知的 eBay 公司。创始人皮埃尔·奥米迪亚是一个软件工程师，正试图将网上拍卖作为一种嗜好，并登出广告要出售一台损坏的激光指针。他很惊讶竟然有人会支付差不多 15 美元(更精确地说是 14.83 美元)来购买一个坏旧的玩意儿，这使他确信，在满足人们的收藏热情方面蕴藏着一定的商机。这个激光指针被顺利出售、打包发送，并作为

eBay 的第一笔业务而被载入史册。今天，作为世界上最大的网上销售市场的 eBay 网站，是最成功的互联网公司之一，并在全世界积极拓展业务。

技术大师

皮埃尔出生于巴黎。1973 年，六岁的他随全家迁至华盛顿特区。他从小就对电脑和新科技着迷。当其他的孩子在外面玩耍时，他一般都会待在家里，摆弄计算机硬件，学习如何编程。他自学 BASIC 编程，靠自己的技术得到了第一份工作，即运用电脑来管理学校的图书证目录系统，报酬是每小时 6 美元。在《完美商店：走进 eBay》(*The Perfect Store：Inside eBay*)这本描述 eBay 发展史的书中，皮埃尔回忆说他在高中时是"典型的书呆子或怪胎"。

这也就不难理解，为什么在 20 世纪 80 年代，皮埃尔决定在波士顿附近的塔夫茨大学学习计算机科学专业。在那里他对苹果的软件产生了兴趣。这是他的企业家天赋和创新精神的早期体现。当时苹果被看成是一家时尚的开发非传统技术的公司，像一条不起眼儿的小鱼，却要挑战像 IBM 这样的巨头公司。皮埃尔的个人风格是留着长发，梳着马尾辫，下巴蓄胡须，戴着飞行员式的眼镜，而这些正吻合他对苹果的钟爱。

在 20 世纪 80 年代末 90 年代初，他担任 Macintosh 的程序员。在决定自己创业之前，他在硅谷的软件公司做过许多份工作。他和朋友一起，创立了配件开发公司，旨在为手写电脑生产软件——手写电脑是掌上电脑的先驱产品。然而，这种业务的发展并不像他所期望的那么快。一年后，皮埃尔决定去发展另一个业务——网上电子商务。该公司随后改名为 eShop，并经营电子零售业务。虽然互联网的概念正在世界范围内兴起，但是相对于皮埃尔的兴趣，技术的发展速度仍然很慢——他在 1994 年放弃了 eShop，去寻求一种能使他进一步接近网络的业务。不过他仍然保留了在 eShop 的股份，在事后看来，此乃明智之举。仅仅两年之后，公司就受到了软件巨头微软的注意，并随即被收购，使得皮埃尔在 30 岁之前就成了百万富翁。

生于法国的伊朗裔美国人皮埃尔·奥米迪亚，eBay 的创始人

虽然互联网的概念正在世界范围内兴起，但是相对于皮埃尔的兴趣，技术的发展速度仍然很慢——他在 1994 年放弃了 eShop，去寻求一种能使他进一步接近网络的业务。

互联网的一切

当时，皮埃尔显然是个互联网迷，幸运的是，当其他网上业务开始大量出现时，他已经在恰当的时机处在了一个恰当的位置上。由于加盟了移动通信公司 General Magic，皮埃尔对互联网的一切都产生了兴趣。也就是在这个时期，网络拍卖的想法开始形成，这一想法最终演化成了 eBay 公司。像许多大企业的创业想法一样，皮埃尔的创造性来源于一次失败的亲身经历。几年前，他在网上买了一家公司的股票，该公司前景貌似不错，但是他发现在他的订单完成之前股票价格上涨了 50%。

他认为这不公平，因为有些买家可以获得优惠的价格，而其他人则不得不以另一个价格购买。他相信网络拍卖是一种更好的方式，可以在所有关注者之间达成一个公平的价格，而且随着网络的发展，这一想法能够成为现实。皮埃尔曾经在一次采访中说："我认为，我有一种能用新的方式来解决

问题的激情。”他试图测试网络在连接全世界方面所具有的潜力，他要提供一个平台使买家和卖家都能够共享价格和产品的信息。

“我有一种能用新的方式来解决问题的激情。”

“你要发布一个广告，然后说‘这是最低价’，而不是说我这个东西要卖，‘给我 100 美元’。”皮埃尔在《完美商店》(*The Perfect Store*)中回忆道，“如果不止一个人感兴趣，就让他们竞争去吧。”

更远大的前景

虽然发展这项业务需要花费时间和精力，但是皮埃尔却非常喜欢这样一个挑战，他夜以继日地工作，在不耽误主要工作的同时，利用晚上和周末的空闲时间忙于拍卖网的经营——事实上，他在一个周末为拍卖网站写下了最初的规范准则。这是一种出于由衷的喜爱所进行的劳动，也是皮埃尔愿意为之倾其全力的爱好。网络拍卖的概念形成之后，皮埃尔最想做的是推广网上社区的理念，一个基于公平和信任而建立起来的社群团体。

规范准则确立之后，尽管皮埃尔不知道人们想要买卖什么样的东西，但是他还是建立了网站。作为一个实验，他登广告出售破损的激光指针，令他吃惊的是，他发现一个买家对这个产品很感兴趣。皮埃尔挑选了许多类产品，包括电脑硬件、软件、古董、书籍和漫画，用户在列示、浏览这些产品之后可以出价。

因为他打算提供免费服务，所以必须保持费用尽可能地低。为了达到这个目的，他在家里运营网站，每月只需支付给网络服务提供商 30 美元的成本。他也决定去注册公司，并打算将其命名为共鸣之湾技术公司(Echo Bay Technology)，他认为这个名字听起来很酷。但当他去注册时，发现这个名字已经被加拿大一家矿业公司采用，所以他选择了最接近的名字，将 Echo Bay 缩写为 eBay。

几乎没有任何宣传，网站迅速聚集了大量的用户，人们开始列示和购买各种商品。皮埃尔没有采用广告宣传、公关和与其他网站交易来提高流量的做法，而是通过口头宣传的方式来激发人们的意识。他利用网上新闻组作为媒介来加大对于自己网站的宣传，以引起注意。这达到了预期的效果，因为电脑爱好者和那些寻找廉价商品的顾客还通过 email 交流了网站的一些细节问题。然而在 1995 年年底，皮埃尔的网络服务供应商决定每个月向他索要 250 美元，因为他们认为他的网站流量已经给系统造成了较大压力。这对皮埃尔来说是一个转折点，就在此刻，他决定将自己的爱好转变成一种商业经营。

“当时我说：‘这是一种有趣的爱好，但是每个月 250 美元可不是个小数目。’”他在《完美商店》中回忆道。从一开始，皮埃尔就计划对每笔销售仅收取少量的费用。实施这项收费给他提供了必要的经费去支付日常费用和扩展业务的支出。他决定对低于 25 美元的物品收取售价的 5%的费用，对高于 25 美元的收取 2.5%的费用。最后他又对这种收费模式做了调整，对于列示商品也予以收费。

皮埃尔最想做的是推广网上社区的理念，一个基于公平和信任而建立起来的社群团体。

持续增长

网站收入持续增加，已经超过了他当时的薪水，所以放弃工作，将全部精力和时间都投入到网站上，也不是一个艰难的决定。1996 年 6 月，当网站创下月收入超过 1 万美元、注册用户达 4.1 万个的纪录时，皮埃尔雇用了他的第一个员工——杰夫·斯克尔(Jeff Skoll)，他以前曾在两个高科技公司工作过。他还在网站上设立了反馈系统来改进买卖流程，这强化了他创立诚信社区的本意。一年以后，eBay 吸引的顾客超过了任何一家网站。

“通过建立一个简单的系统，并坚持几个指导性原则，eBay 实现了开放式的系统增长，它能够实现一定程度的自我组织协调。”皮埃尔在一次采访中说。

1997 年，随着公司以惊人的速度增长，皮埃尔首次大规模地投资于广告宣传,并帮助设计目前已成为公司象征的标识。电影《芝麻街》(*Sesame Street*)中大鸟的玩具模型以百万元的价格被出售的那年,是eBay的又一个里程碑。1998年,该网站因为成为Beanie Babies交易的场所而使自己赚足了人气——这种填充动物玩具迅速成为收藏者的珍品。

皮埃尔再次由于自己的时间意识而受到了幸运女神的眷顾。在1997年年底和1998年整个一年,全世界的商业社区正在经历着互联网的迅猛发展时期,网上的一切都吸引着投资者和消费者。皮埃尔认识到,生意正在做大,而他已不能独自应付,是时候去寻找外援和专业人员了。他已经同时兼任几个角色,包括CFO、总裁、CEO以及董事长。

皮埃尔决定寻找外部资金,把公司22%的股权卖给风险资本公司基准资本(Benchmark Capital),得到了670万美元的财务注入作为回报。一些报告显示,这是硅谷自建立以来最为赚钱的投资。基准资本开始寻找一个有经验的管理团队和新员工,这其中就包括玛格丽特·惠特曼(Margaret Whitman)。玛格丽特·惠特曼是哈佛商学院的毕业生,她以前在迪士尼工作。她接任了总裁和CEO的职务,皮埃尔仍旧是董事长。玛格丽特·惠特曼从百事和迪士尼等公司挖来了一批高管,帮助公司在1998年成功上市,并主持了一项重大的广告投资。

eBay的IPO是一次巨大的成功,它为公司进一步扩大规模提供了资金。皮埃尔和玛格丽特发现,在短短的几分钟,公司股价就从18美元上涨到50美元,在上市的两个月内,股价涨到每股100美元。到1999年年初,玛格丽特的股票价值已达25亿美元,相当于50 000%的惊人回报。第二次发行后,eBay的估值高达260亿美元(160亿英镑)。

初期的阵痛

然而,快速增长是有代价的。1999年6月,伴随着网站的重新设计,eBay的服务器多次发生故障,有一次长达22个小时。这对顾客与网站之间的互动造成了严重的影响,导致公司股价下跌超过8美元。网友极为愤怒,公司的收入也因而受到重创——当时的一份报告表明,服务器的中断耗费了 eBay 第二季度收入的 390 万美元，因为 eBay 要把列示商品的费用还给其用户，并将拍卖延期。

在当时，22 小时的中断是历史上最严重的网络崩溃之一，随后立即引起了强烈反应，因为用户们立即就将自己的抱怨上传到了该网站的网络新闻小组中。而其他一些人也提出了网站的技术可靠性问题。

位于加利福尼亚圣何塞的总部大楼外矗立着著名的“eBay”标志

将顾客放在首位始终是皮埃尔心目中的目标，他着力使顾客们对服务的质量放心。工作人员们夜以继日地攻关以解决技术问题。eBay 给 10 000 个高端用户打电话，以提醒他们所存在的问题，向他们道歉，并使他们确信 eBay 正尽一切可能来使网站恢复运行。

然而，有些用户开始转向其他的网站，这些网站通过自己的网上拍卖系统而与 eBay 展开了竞争，争夺利润，最著名的就包括搜索引擎雅虎和网络零售商亚马逊。后者在 1999 年开始网上拍卖，经营模式和 eBay 相似，包括根据销售额收取佣金，以及评级和反馈系统。然而竞争看起来是件好事，因为这使得 eBay 也相应地强化了自己的服务。它扩大了所提供产品的范围，努力改良了买卖流程，并着眼于全球范围内的增长。

全球扩张

1999 年，eBay 在英国、澳大利亚、德国和加拿大建立了网站，皮埃尔和玛格丽特还实施了在网上出售一些较昂贵商品的策略。这就需要启动一系列的区域网站,他们认为这将有利于体积较大、运费较高的大件物品的销售,例如汽车等。eBay也开展了一些收购活动,一年后,收购了网上零售商 half.com,从而使得顾客不必通过拍卖就可以直接购买商品。

截至2001年,eBay将爱尔兰、意大利、韩国、新西兰、新加坡、日本和瑞士加入到了它的国际网站,用户数量扩大到4 200万。这种快速扩张本身就是一个了不起的成就,何况eBay又是在网络社区较为低迷和不景气的背景下实现了这种扩张。一些网络公司寻求上市,它们的估值像当年的eBay一样飞涨,但是直到2001年,经营情况就变得大为不同,这些公司一个接一个地破产了。

> 这种快速扩张本身就是一个了不起的成就,何况eBay又是在网络社区较为低迷和不景气的背景下实现了这种扩张。

然而,由于亚洲市场较难攻破,eBay并没有完全独领风骚。2002年,它开始在日本发展。两年以后,由于有像雅虎这样的竞争对手在日本已经确立了稳固的拍卖模式,eBay不得不承认很难打开市场。据报道,eBay在日本网站上仅仅能提供2.5万种产品,而雅虎此时已经有接近350万种商品可供选择。但是,当一扇门关闭时,另一扇门就会被打开——eBay的创业精神和应对全球挑战的偏好并没有丝毫减弱,它已经将目光转向中国,购买了中国最大的拍卖网站易趣1/3的股权。

eBay还通过多种方式提高它的服务质量。2002年,它以15亿美元的交易价格收购了电子支付系统PayPal。PayPal占据着在线支付市场的第一把交椅,eBay自己量身打造的支付系统Billpoint也丝毫未能撼动PayPal的市场份额。跟一种成功的模式相结合看起来似乎是很有意义的。因此,玛格丽特希望此次收购能够对加速网站现有的支付流程有所帮助。

2004年,eBay引入了“立刻购买”的功能,使卖家能够绕过拍卖过程,直接卖给消费者。一年后,它推出了一个品类,提供那些进入破产清算程序的商家的产品。最令人吃惊的举动发生在一年以后,2005年10月,eBay以26亿美元的价格收购了网络技术提供商Skype。当时,eBay打算将Skype与自己的拍卖网站加以整合，以此来润滑那些需要更好的沟通渠道的产品的销售过程，比如说二手车、高端收藏品等。这项交易也使得 eBay 拓展了自己的全球经营范围，赢得了欧洲和亚洲的顾客——在这些区域，eBay 到目前为止还没有获得较为稳固的立足点。

适者生存

尽管许多分析家们都质疑 eBay 和 Skype 合并背后的逻辑，有些人甚至认为 eBay 所花费的成本过于高昂，但是有一件事情是有目共睹的：到 2005 年庆祝十周年纪念日之时，eBay 已经多次证明了自己作为一个网络公司已经扎下根来。它在网络繁荣之时已经发展到极致，当其他有很高知名度、有风险资金支持的公司像 Boo. com、clickmango 和 Webvan 已经消失的时候，eBay 依然存在。

现如今，eBay 每天有超过 700 万种新产品上市，超过 1.12 亿种产品可以随时获得。

尽管 eBay 在中国的拍卖业务并不成功(eBay 于 2006 年年底关闭了网站，取而代之，与一家中国在线公司建立了合资企业)，但是 eBay 与 Skype 的合作是成功的。2007 年，玛格丽特说，Skype 在中国比在美国有更多的用户，中国的增长速度比任何地方都快。

eBay 在利用其他技术机会方面速度也很快，如提供 WAP 网站、SMS 警报器和博客等。它还进一步将服务多元化，推出了“最佳 eBay”(一个致力于寻找所有广告商品当中最不同寻常的产品的网站)和“eBay 脉冲”(提供流行搜索项目和最受关注产品的信息的网站)。

最近，公司已经将业务拓展到其他国际市场，并将它的拍卖业务扩展到大型活动的票务和比较购物上来，同时保证竞争能力的平衡。eBay 核心拍卖业务的增长有所放缓，有大量的欺诈事件在网上发生。同时，eBay 也面临着搜索引擎巨头谷歌的激烈竞争，谷歌通过投资 Checkout 这个自己的网上支付系统已经对 PayPal 构成了挑战；亚马逊也已经开始吸引独立的卖家，而这正是易趣的核心业务。

eBay 目前境况如何

现如今，eBay 每天有超过 700 万种新产品上市，超过 1.12 亿种产品可以随时获得。它的三个最大市场分别是美国、英国和德国。皮埃尔的个人财富估计大约是 45 亿英镑（80 亿美元），他在 2008 年的福布斯世界亿万富豪榜上名列第 120 名。他现在仍旧是 eBay 的董事长，但是却整日忙于其他业务，像奥米迪亚网络（Omidyar Network）公司——一家慈善投资公司。他也是 Meetup 的董事会成员，那是当地的一个社区网站，他在其中有投资。

eBay 总部大楼的内部

2008 年 4 月，玛格丽特辞去公司 CEO 的职务，改由 eBay 的市场总监约翰·多纳霍（John Donahoe）担任。公司的全球市场看起来大有前景，每年有 54％的收入来自国际市场，而此项收入在两年前是 47％。网站的成功一部分要归功于公司的创新能力和适应能力，以及一种从创业之初就伴随着公司的远见卓识，正如皮埃尔在 2000 年的一次采访中所言：

“eBay 所做的是创造了一个新市场，一个原来根本就不存在的市场。我们的战略和方针一直是不断调整和变化的，从创业之初我所打造的人们进行自我管理的社区，转变成为一个每个人都积极采取措施去发现不良分子的社区。”

时至今日，公司仍坚持这一点。为了使 eBay 成为一个更安全的交易场所，网站最近采取了新的措施来使自己的拍卖品和固定价格产品列表更易于使用，同时修正了反馈机制，强化了反欺诈条款。

谷　歌

——寻求成功

创 始 人：谢尔盖·布林(Sergey Brin)和阿里·佩奇(Larry Page)

创始人开始创业的年龄：24 岁和 25 岁

背　　景：斯坦福大学计算机科学博士

创立年份：1998 年

公司类型：搜索引擎

目前涉足经营的国家：全球

销售额：42 亿美元(21 亿英镑)(2007 年)

谷歌(Google)，这是我们都知道的一个名字，我们使用这一网站的频率可能比其他任何一个网站都要多。我们也知道这个网站相当成功，其创始人已经成为亿万富翁。然而，令我们吃惊的是，十年前，我们当中几乎没有人听说过它，更不用提使用它。它不仅比本书中的大多数公司增长幅度更大，也比任何一个公司增长得更快。

网页级别的诞生

谷歌并非一直都是像现在这样的一个金矿，事实上，谷歌的创始人拉里·佩奇和谢尔盖·布林在创立它的时候，甚至不确定这个网站该怎么赚钱。

1995年的春天，这两个人在斯坦福大学（Stanford University）相识，他们都在那里攻读著名的计算机科学专业的博士学位。在硅谷，斯坦福已经孕育了一批世界上最为成功的技术公司，像惠普和太阳微系统（Sun Microsystems）公司，那里的学术氛围也鼓励冒险和创业。它的技术许可办公室为学生在获得专利的过程中提供资源、建议和援助，以此来帮助学生将研究项目商业化，而作为回报，它将得到这些公司的股权。这里距"沙丘路"（Sand Hill Road，一些美国最成功的风险资本公司的所在地）也不过一步之遥。

谢尔盖·布林和拉里·佩奇都是在科学和技术的环境中成长起来的。拉里的父亲是密歇根大学（the University of Michigan）最早一批获得计算机科学学位的人之一，他的母亲是一个数据库方面的顾问并拥有计算机科学硕士学位。

谷歌的创始人谢尔盖和拉里

谢尔盖出生在莫斯科，后来跟随父母搬迁到美国，他的母亲是美国航空航天方面的科学家，父亲在马里兰大学（the University of Maryland）教授数学。19岁时，谢尔盖已经在马里兰大学获得了数学和计算机科学的双学士学位。拉里在高中时就用乐高玩具制作了一个喷墨打印机。所以他们在相识的时候，已经非常熟悉计算机的用途以及工作原理。他们在斯坦福结下了深厚

的友谊；由于对学术辩论和学术演讲的共同热爱，他们的友谊愈加深厚。

当时，已经存在几个基本的搜索工具，但是利用其中一个进行搜索，一般可能会获得上千个结果，而且这些结果没有按照任何一种相关次序进行排列。斯坦福大学的博士杰里·杨(Jerry Yang)和戴维·费罗(David Filo)已经创立了雅虎来解决这个问题，但是他们雇用了一个团队来编辑网站目录，并且该团队正奋力追赶蒸蒸日上的全球网络发展的步伐。谢尔盖是一个能从海量数据中提取信息的专家，他确信一定会有更好的方法，他决定与拉里联手，当时拉里正在研究顶级搜索引擎 Alta Vista。始终不乏雄心抱负的拉里，决定将整个网络下载到他的电脑里来研究网络链接的相关性问题，而当时 Alta Vista 还未将这一问题纳入考虑范畴。这个项目比预期时间要长，每一次他们启动一个获取在线数据的阶段项目时都要耗费计算机科学系大约 2 万美元(1.2 万英镑)的经费——但这种努力当然是值得的。

始终不乏雄心抱负的拉里，决定将整个网络下载到他的电脑里来研究网络链接的相关性问题。

他们得出结论，链接量可以用来衡量其网站的受欢迎程度。而且，他们确信，不同的链接的重要程度是不同的。例如，如果英国广播公司(BBC，其网站流量极大，很多网站都同它链接)链接到了你的网站上，那可比那些受欢迎程度较低的网站与你链接的价值高多了。对于自己所发明的这种排列顺序的算法，他自己起了名字，称之为“网页级别”(PageRank)。传统的方法是将网页上的关键词与所搜索的条目相匹配，通过将他们的这种算法与传统的方法相结合，这两个人发明了一种搜索引擎，其搜索的结果将会高度精确并与顾客的要求极为相关。谷歌就这样孕育而出。

寻找买家

两位创始人并没有着手去建立一个公司。由于他们的背景是学术至上，所以他们对于发现了一个杀手级论点的论据更为兴奋。他们开发了其搜索引擎的最初原型，称之为BackRub，1997年重新命名为"谷歌"，它是由"古格尔"（googol，这是一个数学名词，代表着"1"后面跟着100个"0"）这个词演变而来，代表着网络中的海量数据信息。两位创始人在校园的一间屋子里不分昼夜地工作，并通过斯坦福大学的学生团体在学校内网上尽情挥洒自己的创意。在这个极度渴求信息的人群当中，由于使用者很快就发现通过该搜索引擎所获得的搜索结果是如此之快、相关性是如此之高，所以通过口口相传、互相推荐的方式，他们的引擎人气不断上升。

尽管不想过于偏离学术追求，但是可以确定的是，他们所创立的东西要远远优于当时的任何技术，所以他们试图在获取专利前，以高达100万美元的价格将这项技术出售给雅虎和当时的市场领先者Alta Vista。令人吃惊的是，每个公司都放弃了这个机会。该搜索引擎没有提供任何明显的赚取利润的机会。谷歌在瞬间就会为人们提供搜索结果的目标，并没有为广告商们提供理想的空间。但谢尔盖和拉里坚信自己已经发明了人们真正需要的东西，因此他们别无选择，只有采纳雅虎创始人戴维·费罗的建议，自己将谷歌推向市场。

通过吸收学术同行们的反馈意见，他们在寻找资金，将其技术付诸实施之前，对所提供的服务进行了改良。1998年8月，他们遇到了私人投资商安迪·贝托尔斯海姆（Andy Bechtolsheim）——太阳微系统公司的创始人之一，当时他已经将自己的另一家公司以数百万美元的价格卖给了思科。尽管缺乏一个清晰的商业模式，但贝托尔斯海姆却认同了他们的想法，他当场就开了一张10万美元（6万英镑）的支票给谷歌，并强烈要求谢尔盖和拉里加入公司，谷歌由此诞生了。

扩大规模

对于他们仅仅依靠产品的力量和口碑的宣传而不是依靠大量的广告来打开市场这个计划，贝托尔斯海姆印象尤为深刻。与别人不同，他们打算以所有其他人都未曾采取过的方式投资于IT业。从一开始，谢尔盖和拉里在计算机使用方面就极为高效。他们定利了一批电脑，并将其连到一起。利用

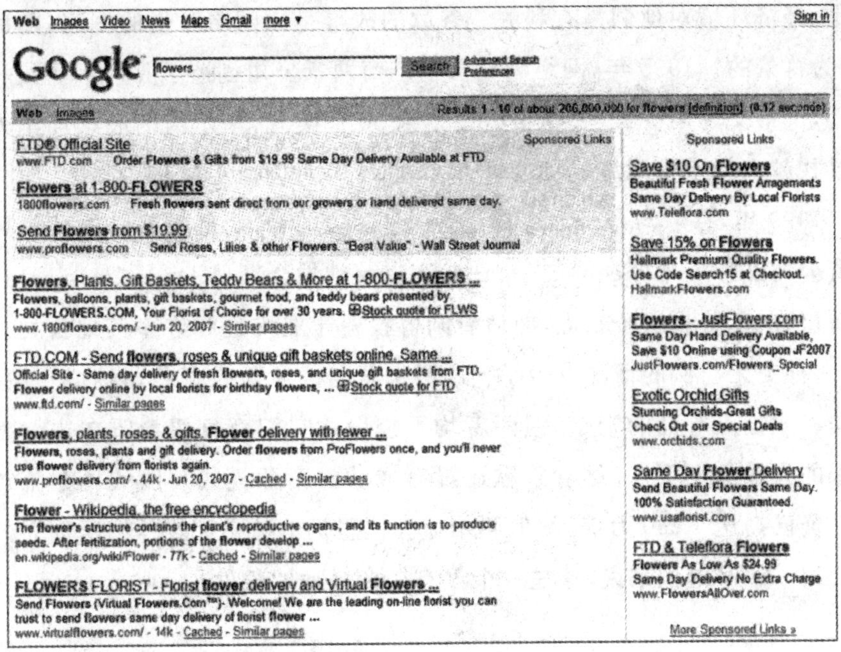

举世闻名的谷歌页面，在所有搜索引擎中居首位

这些电脑所组成的网络，他们下载、索引和搜寻互联网。在这些电脑上，他们也自己设计了软件和算法来浏览网站，并对网页进行排名。其最终目的就是继续推行他们的策略，通过将越来越多的个人电脑连接到网络来实现成本节约，以确保那些闪电般的搜索结果，能跟得上网站和用户数量的增长。

> 谷歌明确的使命就是“整合全球信息，以使信息在世界范围内可以获得和使用”。

获得了贝托尔斯海姆的资助之后，几个朋友和家庭成员也对他们进行了资助，共集资 100 万美元(60 万英镑)。他们在车库工作了一段时间后，雇用了第一个员工。1999 年，他们将办事处迁往帕洛阿尔托(Palo Alto)。被《个人电脑杂志》(*PC Magazine*)评为前 100 强网站为公司带来了大量的顾客。不久，谷歌每天的访问量就高达 50 万次。

然而，为了跟上顾客数量的增长，他们必须努力将 IT 投资水平保持在一个合理的水平上，因而不久之后，他们又被迫寻找更有力的支持者。幸运的是，经济环境对他们是有利的。谷歌的故事是以网络时代的崛起（随后衰败）为背景的。1995 年，网络浏览器生产商网景公司创造了股票市场的一次轰动，上市交易第一天，公司市值便达到 30 亿美元，华尔街的股票经纪人正在寻找越来越多的网络成功故事。

1999 年，谷歌与位于加利福尼亚沙丘路的世界上最为著名的两个风险投资公司红杉资本（Sequoia Capital）和克莱纳柏金斯（Kleiner Perkins）达成了协议，前者曾投资于雅虎，而后者则曾投资于亚马逊和许多其他公司。于是，一种史无前例的情况发生了：这两家著名的风险投资公司达成一致，分别向谷歌投入等额的资金，但两者均不控股。它们都急切希望在这个搜索领域的先锋身上下注（尽管谷歌还没有成功的商业模式），以致每个公司累计出资已高达 1 250 万美元，但谢尔盖和拉里仍单独掌控着他们所创立的这家公司——对他们来说，这是一个没有协商余地的条件。

进军全球

由此而带来的喧嚣过后，谷歌经历了一个重要的增长时期。在这一时期，他们的商业模式就是通过将搜索技术特许经营给其他同伴以获得收入，但这样所带来的收入远远不够，所以他们开始考虑通过其他的方法来使得自己的搜索引擎转变成一种稳定的商业模式。

起初，他们对在网站上做广告有很多顾虑，因为他们担心用户会怀疑搜索结果的公正性——谢尔盖和拉里坚持不允许公司靠收费来获取更高的排名，虽然某些其他搜索引擎已经这样做了。他们提出了一种妥协方案，这种方案不仅使他们本身发生了革命性的变革，而且也给竞争对手带来了变革，甚至给全球的广告行业带来了实质性的变革。他们的想法是，每当人们针对某一主题进行检索时，他们就会显示一个与主题相关的小的文本广告，而旁边则是更为显眼的"自然搜索引擎结果"。

谢尔盖和拉里坚持不允许公司靠收费来获取更高的排名……他们提出了一种妥协方案，甚至给全球的广告行业带来了实质性的变革。

这种模式很快就演变为目前的“点击付费”模式，每当用户点击这些“赞助商的链接”时，谷歌就会有相应的收入。点击一次的费率由广告商通过一个公平、自动化的网上拍卖过程设定。这种模式能够较好地运作，主要是基于以下几个原因：广告商可以简单、快捷地参与进来；较小的投资也可以尝试——比任何其他的广告方法的投资都要小得多；能够使得广告商为那些目标性较强、购买欲望较强的消费者提供信息；除非有人点击广告商的广告，否则是免费的；这种模式本身的成功与否也易于衡量；更重要的是，它非常有效。广告商们能够从人们点击广告的过程获得较好的收益。

2000 年，两位创始人雇用了埃里克·施密特(Eric Schmidt)博士作为 CEO 来接管日常的经营业务。尽管谢尔盖和拉里开始很犹豫，害怕对公司失去控制(这是他们并不愿意接受的投资条件之一)，但是施密特的任命被证明是相当成功的。尤其是在谷歌的海外扩张过程中，他在商业方面的才能发挥了关键性的作用。他注意到的第一件事情是，尽管 60% 的搜索量来自于海外，但来自海外广告商的收入仅占 5%。尽管能够用外语进行搜索已经有一段时间，而且公司所服务的客户事实上来自全球各地，然而公司还没有从这个全球市场赚到钱。在施密特的带领下，销售办事处在伦敦、汉堡、东京和多伦多等地正式成立。收入激增。

谷歌明确的使命就是“整合全球信息，以使信息在世界范围内可以获得和使用”。这个目标可不小！随着收入的增加，为了实现这一使命，它开始增加一些新的服务。到 2004 年，除了核心搜索引擎外，还提供了谷歌图片(一个巨大的图片检索图书馆)、谷歌新闻(将全球对于相关特定主题的报道整合在一起的一项服务)，并引入了 Gmail(一项基于网络的电子邮件服务)。

上市

2004 年，尽管有些不情愿，两位创始人还是将搜索引擎在纳斯达克股票交易所(Nasdaq Stock Exchange)上市了，筹资 12 亿美元(6 亿英镑)。事实上，上市是谢尔盖和拉里最不愿意做的一件事。一方面的原因是，他们的独立性已经帮助他们经历了网络公司起伏的风风雨雨；另外，他们也极不愿意将自己的财务信息披露给竞争对手。2004年以前，分析师们都普遍严重低估了这个搜索引擎巨头的发展规模，谷歌最不想让世人知道他们已经赚了多少钱，或者让他们了解自己究竟是如何运作的。然而他们已经发展壮大起来，以致美国法律要求他们必须披露其财务信息。鉴于他们无论如何都不得不把自己的秘密公开，所以他们认为较为谨慎的做法还是应该让公司上市，以给那些早期的员工和投资者们一个实质性的回报。

没有其他任何一家公司曾经在如此短时间内创造出如此巨大的影响、利润和财富。

但是就在谷歌公开上市前不久，却出现了诸多促使谷歌的股价下降的因素。首先，他们不得不应对来自竞争对手 Overture 的强烈抗议——Overture 是谷歌最大的竞争对手雅虎的一个子公司。Overture 首先提出了通过“点击付费”的模式销售伴随着搜索结果一同出现的广告的想法，因此，它控告谷歌侵犯了它的专利权。考虑到长期持久的官司战所可能给股票市场的首秀带来的诸多负面影响，谷歌的创始人支付给雅虎270万股股票，达成了庭外和解。

其次，由于谷歌最近以 Gmail 的形式进入了电子邮件市场，而引发了诸多争议。创始人本来打算为人们提供一种比任何一个现有的电邮供应商所提供的服务都更为优质的服务。利用他们的搜索技术，你很容易用 Gmail 来寻找和发现所储存的信息；而且他们当时提供了一个拥有巨大空间容量的账户。然而，他们通过内容关联广告（通过扫描信息并围绕着用户输入的关键字而产生的广告）来赚取利润的做法却受到了隐私团体的强烈抨击。

所有这些因素综合在一起，导致了谷歌上市时的每股估值只有85美元（43英镑），但是这并没有持续很长时间。尽管经历了这些波折，谷歌的股价到第一天交易结束时已经达到100美元，公司市值为231亿美元（115亿英镑）。同硅谷的许多新公司一样，谷歌的一些早期员工都获得了股票期权（而不是较高的薪水，这一方面有利于历史不长的公司降低成本，同时也能够使得员工们更努力地为公司赢利），这就使得公司一上市，他们就变成了百万富翁。

谷歌的惊人增长部分源于它所创立的被称为“广告联盟”（AdSense)的计划。该计划允许其他网站在其自己的网站上安装谷歌搜索条，当用户点击谷歌所提供的搜索结果旁边的相关广告时，该合作伙伴的网站也会从广告商支付给谷歌的广告费中分得一杯羹。AdSense 在其他网站中很受欢迎，甚至包括像美国在线和《纽约时报》这样的巨头也加入了这个计划。AdSense 是谷歌实现增长的一个典型模式，它坚信同竞争对手合作可以实现整个市场的增长。

谷歌目前境况如何?

上市两个月后，谷歌的股价已经达到了 135 美元(68 英镑)。此后，随着公司收入和利润的增长，股票价格大幅飙升，目前的股价是 528 美元。其市值为 1 658.7 亿美元(890 亿英镑)(书稿成稿时的准确数字)。2007 年 11 月，谷歌的股价超过 700 美元，谷歌也因此成为美国第五大上市公司。

在谷歌的办公大楼内技师们正努力工作着

此外，谷歌 2008 年第一季度的收入和利润数字已经成功地粉碎了谷歌 2007 年的广告收入下滑的谣言。2007 年谷歌达到成功的巅峰时，其股价是 741.80 美元(370 英镑)，但是由于人们担心其广告收入下降，公司股价开始下跌(有新闻报道说，点击广告的人数已经开始减少)。但是，事实上，谷歌在2008年1月到3月的利润是13亿美元(7亿英镑),总营业额为51亿美元(27亿英镑),谎言不攻自破。谷歌的在线网络已经如此强大,以致IT业巨头微软也想在在线搜索领域一展拳脚,它最近打算以446亿美元收购雅虎。谷歌和微软之间争夺不断,都想吸引世界上最优秀的技术工程师。

谷歌已经利用它的成功完成了大量的收购。包括在2006年10月以16.5亿美元的价格收购了YouTube的点击视频功能,在2007年4月以30亿美元的价格收购了Doubleclick的广告网络,这一收购使得谷歌的业务范围拓展到了显示广告市场。

2004年,谢尔盖和拉里将总部迁移到美国加州的芒廷维尤,公司至今仍位于那里。公司的创立原则也对公司的成功起到了关键性作用,尤其是创始人坚定不移的决心要使谷歌成为一个工作的最佳地点。其座右铭"不作恶"举世闻名,同时也是谢尔盖和拉里所培育的屡获殊荣的文化。在位于芒廷维尤的公司总部,员工们可以利用的设施众多,包括台球桌、游泳池和排球场,还有免费的食物。公司每周收到的工作申请超过1 300个。

谷歌的创始人仍旧热衷于解决一些世界上的大问题。谷歌的新产品始终能令用户们大为惊叹,例如谷歌地球,它是一种能够使得用户通过卫星图像遨游于地球上任何一个角落的服务。一个勾画人类基因图谱的项目正在进行中。谷歌鼓励工程师们利用20%的工作时间从事自己的项目。谷歌新闻和网上购物服务Froogle就是这种创意的产物。现在谷歌在全球设有销售处,而且所有这些销售处都盛行这种鼓励创新的文化。

其座右铭"不作恶"举世闻名,同时也是谢尔盖和拉里所培育的屡获殊荣的文化。

现在,谷歌网站每天都要处理上百万次的搜索。谷歌主页仍旧保持设计的简单性,还没有打算在上面做更多的广告——尽管它可能是一笔潜在的巨大的额外收入来源。其结果是,它下载更快,提高了用户的体验。同样,它的主页上也没有可能减慢速度的Flash和其他一些东西。据估计,谷歌的服务器数量现在超过 4 万个，这是其他任何一家公司都无法比拟的。对于公司用于进行搜索的计算机，也仍然是由其员工来组装和专门制造。在计算能力方面没有一家公司比谷歌更强。历史上没有其他任何一家公司不通过大量的广告投入和营销手段就取得了如此巨大的品牌知名度，也没有其他任何一家公司在如此短时间内创造出如此巨大的影响、利润和财富。

对以下为本书做出贡献的作者致以深深的谢意：

阿迪达斯	金·本杰明
Billabong	乔恩·卡德
云雾之湾	贝丝·毕晓普
可口可乐公司	贝丝·毕晓普
格林—布莱克	米歇尔·罗森堡
肯德基	金·本杰明
必胜客	金·本杰明
戴森	詹姆斯·赫尔利和贝丝·毕晓普
沃尔沃	斯蒂芬妮·韦尔斯特德
Dorling Kindersley	贝丝·毕晓普
孤独星球	埃玛·哈斯利特
希尔顿酒店	霍利·艾文斯
宜家	米歇尔·罗森堡
苹果	埃玛·哈斯利特
黑莓	斯蒂芬妮·韦尔斯特德
任天堂	乔恩·卡德
诺基亚	米歇尔·罗森堡
索尼	金·本杰明
Bebo	马特·托马斯和贝丝·毕晓普
eBay	金·本杰明
谷歌	斯蒂芬妮·韦尔斯特德